Tramp-Schiffe

54'-6" EYE TO CENTRE OF HEEL
54'-6" EYE TO CENTRE OF HEEL
54'-6" EYE TO CENTRE OF HEEL
MAXIMUM TOPPING
MAXIMUM OUTREACH
2 DERRICKS LIFT 5 TONS
2 DERRICKS LIFT 5 TONS
2 DERRICKS LIFT 5 TONS
2 DERRICKS LIFT 5 TONS
2 DERRICKS LIFT 5 TONS
MAXIMUM OUTREACH
MAXIMUM OUTREACH
BOTTOM OF HATCH COAMING
BOTTOM OF HATCH COAMING
BOTTOM OF HATCH COAMING
CARGO HOLD
CARGO HOLD
CARGO HOLD
O.T. CENTRE BHD
FORE PEAK W.B. TANK
LIFEBOAT
LIFEBOAT
CARGO HATCH
74'-11" x 25'0"
CARGO HATCH
73'-3" x 25'0"
CARGO HATCH
73'0" x 25'0"
MAXIMUM OUTBOARD SWING OF DERRICK P&S 70' TO C/L OF SHIP
MAXIMUM OUTBOARD SWING OF DERRICK P&S 70' TO C/L OF SHIP
MAXIMUM OUTBOARD SWING OF DERRICK P&S 70' TO C/L OF SHIP
22 FT CLEAR OF SHIPS SIDE
22 FT CLEAR OF SHIPS SIDE
25 FT CLEAR OF SHIPS SIDE

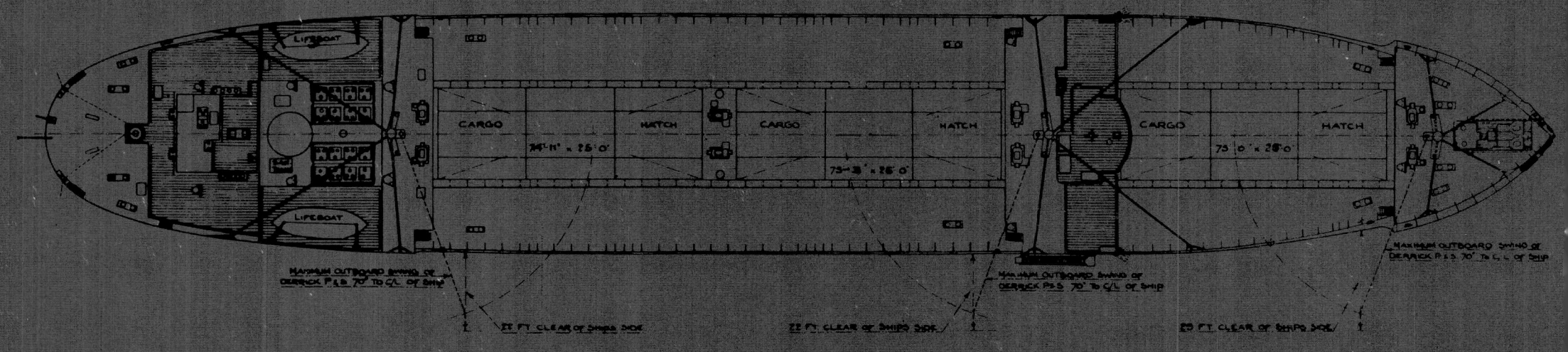

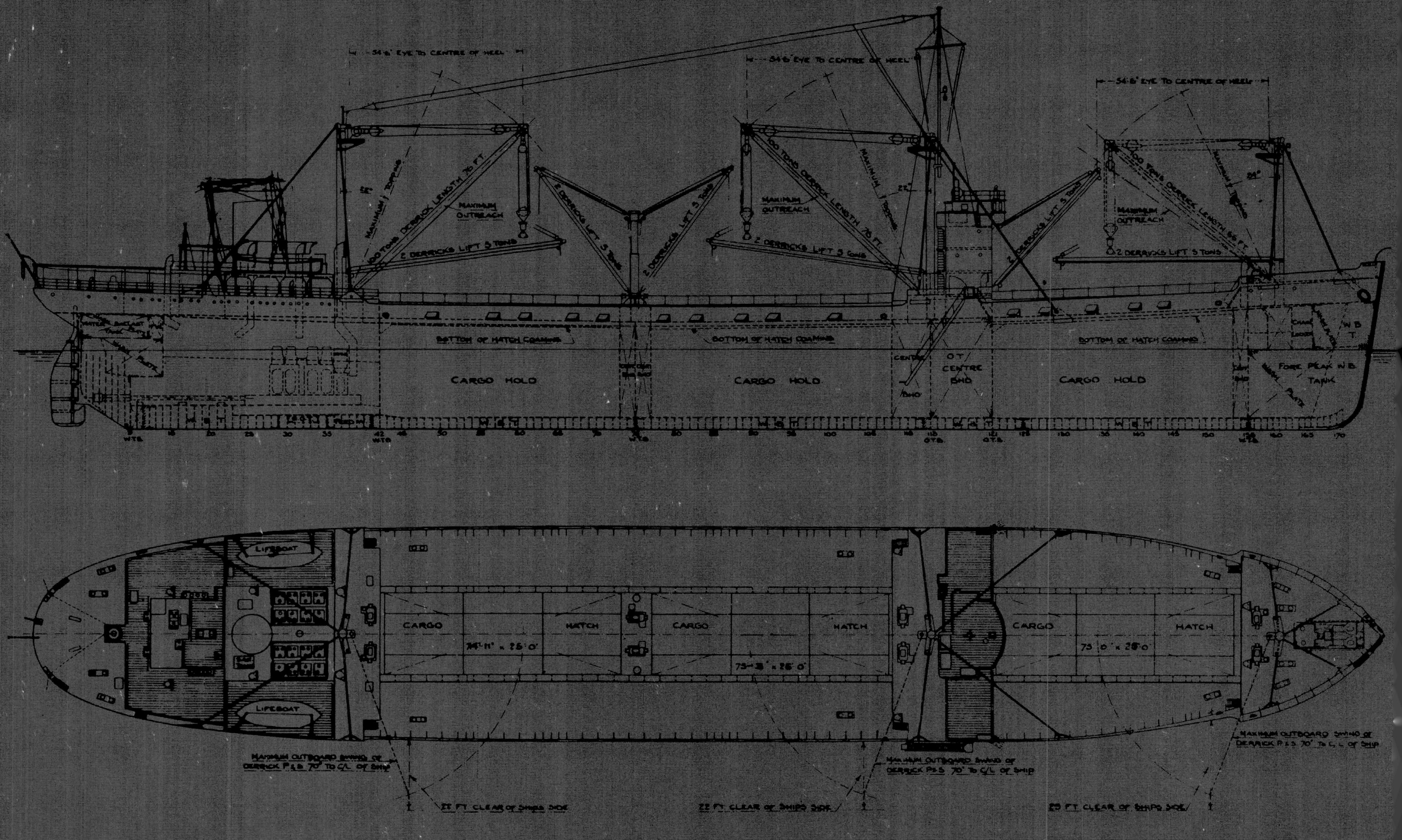

Michael J. Krieger
Photos: Judy Howard

Tramp-Schiffe

Legenden aus der Welt der alten Frachter

Pietsch Verlag Stuttgart

Umschlaggestaltung: Siegfried Horn

Copyright © 1986 by Michael Krieger
Die englische Originalausgabe ist erschienen bei Chronicle Books,
San Francisco, unter dem Titel »TRAMP — Sagas of High Adventure
in the Varnishing World of the Old Tramp Freighters«.

Die Übertragung ins Deutsche besorgte
Hermann Leifeld

ISBN 3-613-50082-5

1. Auflage 1988
Copyright © by Pietsch-Verlag, Postfach 103743, 7000 Stuttgart 10
Ein Unternehmen der Paul Pietsch Verlagsgruppe GmbH & Co. KG
Sämtliche Rechte der Verbreitung in deutscher Sprache sind vorbehalten
Satz und Druck: MPM, 8090 Wasserburg
Bindung: Großbuchbinderei C. Fikentscher, 6100 Darmstadt
Printed in Germany

Inhalt

Für ALFRED P. KRIEGER, *Kapitän zur See a. D.,*
US Navy Reserve,
einen exzellenten Seemann und großartigen Menschen

Vorrede

Man findet heute auf den Meeren mehr Rahsegler als große alte Hochseefrachter (vor 1940 gebaut). In Betrieb sind noch eine größere Anzahl kleiner Frachtschiffe aus den Vorkriegsjahren und ein paar aus den zwanzig Jahren nach dem 2. Weltkrieg; aber auch die werden immer weniger. Sie sind ersetzt worden durch automatisierte, rechnergesteuerte Spezialfrachter, die nur noch ganz entfernt an die alten Trampschiffe erinnern und sich von ihnen unterscheiden wie eine überschallschnelle Concorde von einem Doppeldecker aus dem Jahr 1914.

In diesem Buch geht es um die alten Schiffe. Eingebettet in ihre Geschichte ist die Geschichte der Männer, die sie auf die traditionelle Art und Weise — ohne Computer und Drucktasten — fahren, der Menschen und Firmen, denen sie gehören, und der abgelegenen Gemeinschaften, die von diesen Männern und ihren Schiffen abhängig sind. Die Seeleute und die Gemeinschaften sind in vielen Fällen so einzigartig wie die Schiffe selbst. Die Modernisierung der Schiffe bringt einen anderen, mehr technisch orientierten Seemann mit sich. Die Ausbreitung des Tourismus in die abgelegenen Winkel der Erde bringt eine Entwicklung mit sich, die letztlich dahin führt, daß diese abgelegenen Winkel zu homogenisierten Nachbildungen ihrer urbanen Gegenstücke werden. Es sind daher nicht nur die Schiffe, die verschwinden, sondern sämtliche Kulturen, in denen sie sich bewegt haben.

Ein Trampfrachter kennt keine festen Routen, sondern fährt immer, wenn und wo der Besitzer oder Agent Ladung für ihn auftreiben kann. Einige Schiffe in diesem Buch sind sachlich vielleicht keine Trampschiffe, aber alle haben schon Trampschiffahrt betrieben und atmen den Geist des Trampfrachters. Ich hoffe, daß dieses Buch dazu beiträgt, ein wenig von diesem Geist zu bewahren.

Ohne die Kooperation und Unterstützung der Eigner, Agenten, Offiziere und Besatzungen der Schiffe wäre das Buch nie entstanden. Allen möchte ich meinen Dank aussprechen. Für ihre Hilfe und Aufmunterung danken möchte ich weiterhin Peter Stanford, Präsident der »National Maritime Historical Society«, Reverend Peter van der Linden, Herausgeber des »Detroit Marine Historian«, Douglas Pfaff, ehemaliger leitender Geschäftsführer im Bereich Nordwestpazifik, und Peter Boyce, leitender Geschäftsführer, Hongkong, beide von der amerikanischen »President Lines«, Lauritz Pettersen, Direktor des Schiffahrtsmuseums in Bergen, Kapitän Unal Aksoz, Istanbul, Keith Sternberg, Lopez Island, Washington, Jerry Heermans, Tigard, Oregon, Richard Schuettge, Berkeley, California, und allen anderen überall in der Welt, die mir ihre Unterstützung und Freundschaft gewährten. Ein herzliches Dankeschön geht auch an Carol Erikson und Jackie Abbot für das unermüdliche und sorgfältige Lektorieren und Schreiben des Manuskripts. Bleibt noch Judy Howard — mit Worten läßt sich nicht beschreiben, welche Wertschätzung ich dieser exzellenten Photographin und Reisebegleiterin über fünf Monate bei glatter und rauher See entgegenbringe.

Vorwort

Vor ziemlich genau hundert Jahren, Mitte der 80er Jahre des neunzehnten Jahrhunderts, war die Tonnage der Dampfschiffe unter britischer Flagge zum ersten Mal größer als die der Segelschiffe. Derselbe unvermeidliche Übergang fand zwei Jahrzehnte später bei den Schiffen unter US-Flagge statt. Von den Hochseeseglern, die in den Jahrzehnten danach von den Ozeanen verschwanden, existiert noch mehr als ein Dutzend, darunter auch ein paar, die noch gesegelt werden.

Von den neumodischen Dampfern, die sie damals von den Meeren verdrängten, sind nur noch zwei als Museumsstücke erhalten, nämlich der kleine britische Küstenfahrer »Robin« (1899), der vom Maritime Trust in London unterhalten wird, und das Liberty-Schiff »Jeremiah O'Brien« (1943), das sich in der Obhut des National Liberty Ship Memorial in Fort Mason, San Francisco, befindet. Die Tage der dampfgetriebenen Trampschiffe — der Schiffe, die die Segler in die Museen verbannten — sind gezählt. Bald wird man die See vergeblich nach dem charakteristischen schwarzen Kohlenfeuerqualm am Horizont absuchen. Und das Keuchen und Pochen der gigantischen, Dampf ausstoßenden und nach heißem Öl riechenden Kolbenmaschinen wird genau so vergessen sein wie das Klatschen der Ruder von Jasons Argonauten. Die schweren Produkte des Dampfzeitalters mit ihrem vollen, breiten Bug, die die Welt mit ihrem mannigfaltigen Verkehrsangebot auf den Meeren — und den Seen und Flüssen — veränderten, hatten ihre Bewunderer.

Rudyard Kipling schätzte das Alltägliche und schrieb mit »The Ship that Found Herself« — der Geschichte eines stämmigen jungen Frachters, der seine Rolle in den Stürmen des Atlantik lernt — eine wahre Hymne auf das Maschinenzeitalter auf See. Aber es gab nicht viele, die so wie Kipling dachten. Natürlich gibt es da den Captain McWhirr von Joseph Conrad und Guy Gilpatrics Chefingenieur Colin Glencannon von der »S.S. Inchcliffe Castle« und weitere Helden aus Dampfschiffererzählungen von Leuten, die ein Gespür für dieses Leben hatten. Aber es haben sich nicht genügend Leute in ausreichendem Maß um diese Schiffe gesorgt, als sie über den Horizont der Zeit davondampften — im Hafen von New York findet man heutzutage kein einziges mehr.

Und sie waren anders, ganz anders als die riesigen Linienfrachter, die heute als Bindeglied zwischen integrierten Transportsystemen über die Meere rasen, und die Supertanker, in denen Aufzüge in die Aufbauten führen und Sensoren den Leuten auf der Brücke kundtun, wenn irgendwo etwas nicht in Ordnung ist.

Das Wesen des Tramp-Dampfers ist seine zäh behauptete Unabhängigkeit. Er ist nahezu völlig unabhängig von den Winden, die seine Schwestern unter Segel beeinflussen, ziemlich unabhängig von den primitiven Hafenanlagen, in denen Maschinenausfälle oft nicht behoben werden können (die Leistungen der Ingenieure auf Trampschiffen sind Legende), und so unabhängig, wie es nur geht, von der letztendlich bestimmenden Kraft, der Ladung, d. h., wenn die erhoffte Ladung nicht vorhanden ist, geht es an der Küste entlang zum nächsten Hafen oder wieder zurück über den Ozean. Irgendwie bleibt er in Bewegung, bis er schließlich beiseite geschoben wird, um zu sterben.

Aber auch heute ist noch eine überraschend große Anzahl am Leben, nicht in Museen, sondern auf Fahrt in abgelegenen Winkeln der Erde, die so ganz anders sind als die Welt, in die sie geboren wurden. Auf den folgenden Seiten trifft der Leser auf Copra-Händler zwischen den Pazifischen Inseln und auf andere, die dem überlieferten Geschäft der Trampschiffahrt in Gegenden nachgehen, die zu abgelegen und unprofitabel für den »Linien«-Dienst mit den riesigen Containerschiffen, computerbeherrschten Tankern und Massengutfrachtern sind, die heute den Löwenanteil des Frachtaufkommens in der Welt tranportieren.

Krasser Individualist und Hans Dampf in allen Gassen — das charakterisiert die Menschen, die diese überlebenden Trampfdampfer fahren. Und das müssen sie auch sein! Denn niemand wird sich damit belasten, ihre Schiffe am Laufen zu halten, wenn die Maschine den Geist aufgibt, oder ihnen den richtigen Kurs zu weisen, wenn eine Nebelbank ihre Navigationsanlagen in die Irre führt. Niemand außer diesen Menschen, die in diesen alternden Schiffen und ihrem immer kleiner werdenden Dunstkreis aufgehen.

Aber einer kümmert sich darum und weiß genügend darüber, um Sie, den Leser, mit hinaus zu diesen Schiffen zu nehmen, Sie in ihre Welt einzuführen und teilhaben zu lassen an ihren Fahrten und dem Leben ihrer Besatzungen. Dieser Mann ist Mike Krieger, Trampdampfermann par excellence.

Noch bevor er Dreißig wurde, hat Mike Krieger selbst Trampdampfer gechartert. Er führte sie die Dschungelflüsse auf Sumatra hinauf, wo er Holz aufkaufte, um es dann nach Taiwan und Singapur zu transportieren. In der Regel war er selbst mit an Bord, denn er hatte alles, was er besaß, in die Ladung investiert. Aber lassen wir Mike selbst zu Wort kommen: »Es lief darauf hinaus, daß ich selbst auf den alten, vor dem Krieg in Europa gebauten Dampfern arbeitete und lebte, wenn sie sich mühsam durch die Dschungelflüsse nach Zentralsumatra vorarbeiteten. Das Stampfen der riesigen Kolbenstangen pulsiert immer noch in mir! Und erst die Männer — auch sie entstammten einer anderen Zeit. Viele waren alte »China-Hands« — meistens skandinavische Offiziere und chinesische Besatzungen.« Später hatte Mike persönlich nichts mehr mit der Seefahrt zu tun, aber seine Erfahrungen aus dieser Zeit hat er nie vergessen.

Was er für die Trampdampfer, ihre Besatzungen und ihre Art zu leben getan hat, ist eine Wohltat für die Geschichte und spielt vielleicht eine lebenswichtige Rolle dabei, einiges aus dieser Geschichte zu bewahren, bevor es zu spät ist. Doch etwas ganz Besonders wartet auf Sie! Diese farbenprächtigen Seiten mit ihren akkuraten Informationen werden sich als sofortige — und anhaltende — Wohltat für Sie, den Leser, erweisen.

Also, Leinen los; lassen wir Mike Kriegers Maschinen Fahrt aufnehmen!

Peter Stanford
Präsident der National Maritime Historical Society

Verlassen liegt die heruntergekommene *Lambros* vor Anker, bis die rechtlichen Fragen, die sie umgeben, geklärt sind.

Dann kann sie verschrottet werden. Die Brandschäden, überwiegend in den achteren Laderäumen, sind nicht sichtbar.

KAPITEL 1

Lambros L

Feuer an Bord

Kilada, Griechenland. Es war früh an einem wunderschönen Frühlingsmorgen, als das Feuer ausbrach. Bürgermeister Andreas Lekkas bediente Kunden in seinem Gemüseladen. Die füllige Frau Kampouridis, die Mutter des Hafenagenten, stand am Tresen und roch es zuerst. Sie schnupperte prüfend, woraufhin ihr unfreiwillig ein Schauer über den Rücken unter dem schwarzen Witwenkleid lief. Die anderen Frauen und Lekkas selbst hielten inne, als sie sich des beißenden Geruchs bewußt wurden. In diesem Augenblick stürmte der kleine Nikolaos Boufis, der lockenköpfige Sohn eines Fischers, in den Laden und schrie: »Bürgermeister, schnell. Die *Lambros* brennt!« Lekkas rannte hinaus und lief, wie es schien, mit sämtlichen 1600 Einwohnern von Kilada auf den Dorfrand zu. Weiße Rauchwolken umgaben den riesigen Frachter, der dort in der Bucht lag. Der Geruch war überwältigend. Niemand wußte, was zu tun war. Fischer rannten gemeinsam mit vielen anderen Dorfbewohnern zu ihren Booten. Vielleicht konnten sie der Restbesatzung helfen, die auf dem Schiff geblieben war. Zumindest konnten sie aber einen Logenplatz für das größte Ereignis in der Geschichte Kiladas bekommen.

An Bord der *Lambros* war das Chaos noch größer als im Dorf. Einige Besatzungsmitglieder versuchten, die Wasserschläuche am Achterdeckshaus und hinter dem Aufbau zu entwirren. Dorfbewohner, die ihnen zu helfen versuchten, stolperten in ihrem Eifer oft übereinander oder über die Luckendeckel, die aus den Befestigungen gerissen worden waren und jetzt an Deck verstreut herumlagen. Rauch quoll aus den Laderäumen Nr. 5 und Nr. 6 und hüllten das Deck in eine weiße Wolke ein. Es herrschte eine intensive Hitze. Männer hielten Schläuche in die Laderäume, aber der Wasserdruck war so niedrig, daß nur Tropfen das Feuer erreichten. Das automatische Kohlendioxid-Löschsystem des Schiffes funtionierte nicht richtig, nur aus wenigen Düsen sprühte Löschmittel. Georgios Kaloudis, der Chefingenieur an Bord, versuchte, die Maschine zu starten, um mehr Leistung für die Pumpen zu bekommen. Nach und nach trafen weitere Männer ein, die aber nur den anderen im Wege standen, die bereits an der Arbeit waren. Jeder schrie jedem Befehle zu. Die Aufregung war ungeheuerlich. Es wurde mehr Adrenalin gepumpt als Wasser. Hier bot sich die Gelegenheit, sich als Mann

Nach dem Brand kamen Vandalen an Bord und nahmen alles mit, was ihnen wertvoll erschien. Auf der Brücke wurde der Schrank mit den Signalflaggen ausgeräumt.

Bürgermeister Lekkas führt Besucher zu einer großen Höhle auf der anderen Seite der Bucht, an der sein Dorf liegt. Die Dorfbewohner behaupten, daß Odysseus einst in dieser Höhle gewohnt habe, und sie könnten recht haben.

zu erweisen, und was würde man erst erzählen können! Der Notfall war von großer Tragweite, und er war von der besten Art, ein richtiger griechischer Notfall . . . Nicht lebensbedrohend.

Endlich erwachten die beiden Sulzerdiesel des Schiffes zum Leben. Sofort nahm der Wasserdruck zu, so daß die ahnungslosen Männer an den Schläuchen über das Deck gewirbelt wurden und übereinander

fielen. Weitere Männer kamen hinzu, um die Schläuche zu halten, doch das half auch nicht viel. Ein Großteil der Schläuche war alt und platzte unter dem plötzlichen Druck; das Wasser erreichte alles, nur das Feuer nicht. Drei hielten jedoch, und bald ergossen sich Wasserströme auf die Brände in den beiden Laderäumen. Beherrscht wurde all das Durcheinander von dem Gestank der gerösteten

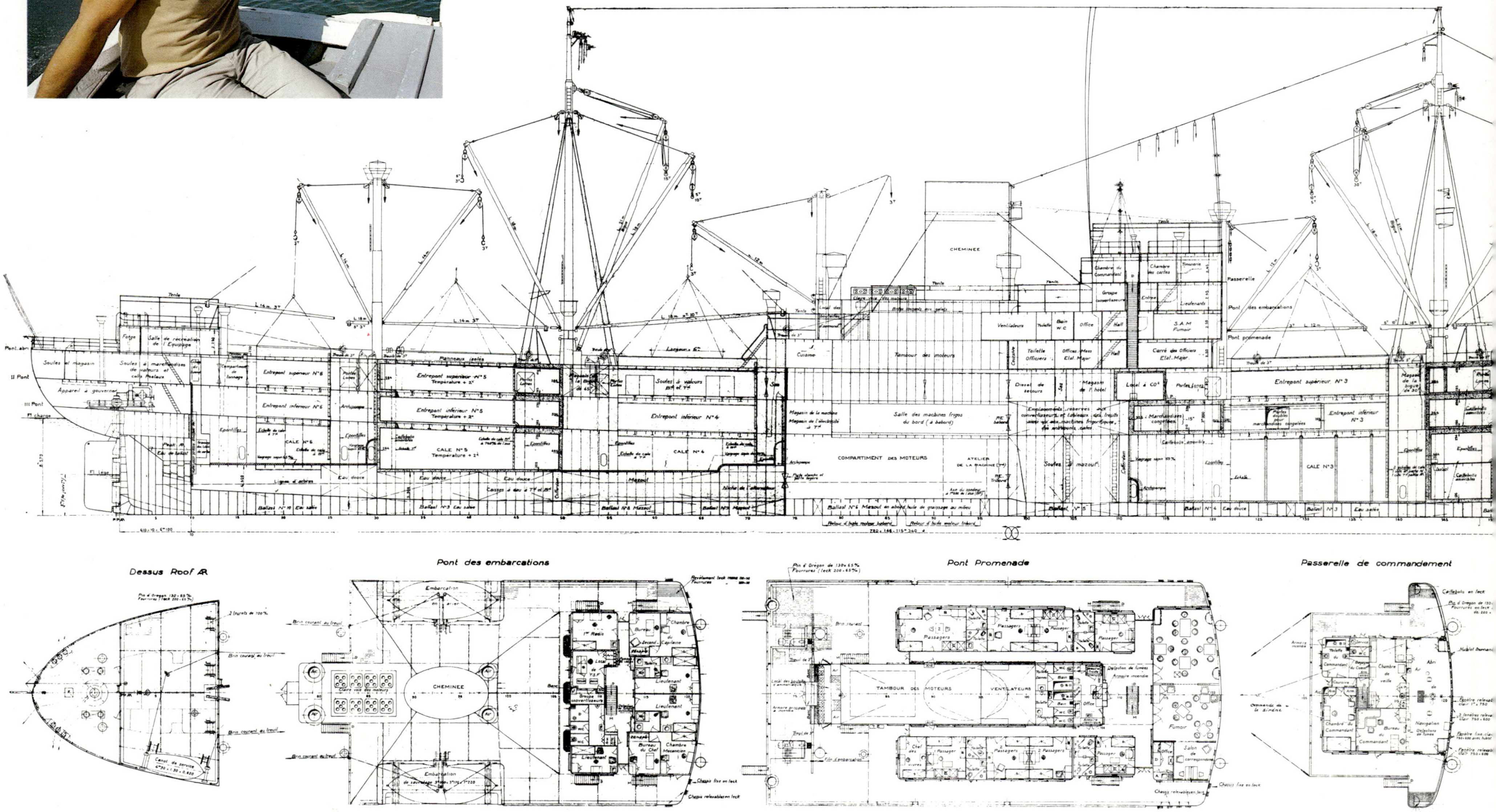

Ladung der *Lambros* — Sojabohnen.

Das Dorf Kilada liegt an einer hübschen, friedlichen Bucht, die von den Bergen der Ostspitze des Peloponnes eingerahmt wird. Wegen der schlechten Straßen fährt man von Athen aus, das nur knapp 180 km entfernt liegt, fast einen Tag lang mit dem Auto, so daß dort trotz der großartigen Landschaft nur wenige Touristen anzutreffen sind — eine Tat-

Wie ein Monument steht der Bug der *Lambros* im stillen Wasser der Bucht von Kilada.

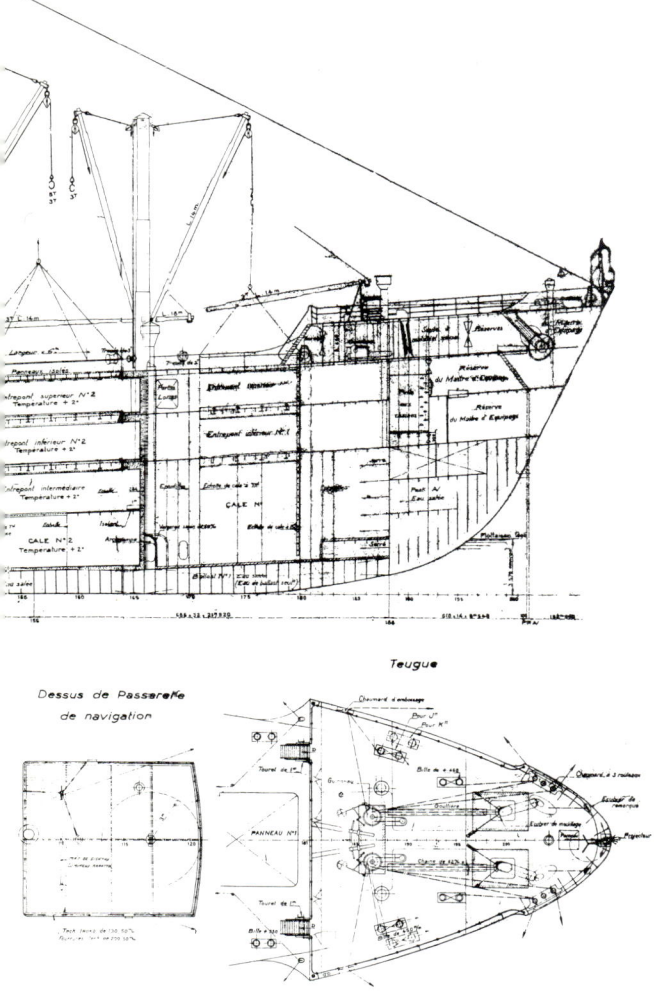

Dessus de Passarelle de navigation

Teugue

Oben: **Ein Fischer trocknet seine Netze in der Nachmittagssonne.**

Unten: **Eine Spezialität in den Häusern und Tavernen von Kilada ist marinierter Seepolyp, der als Snack mit Ouzo, dem griechischen Anisschnaps, serviert wird. Im ganzen Dorf trocknen Seepolypen an Wäscheleinen in der Sonne.**

sache, über die die Dorfbewohner teils traurig, teils erfreut sind. Das Dorf hat zwei kleine Hotels mit jeweils sechs Zimmern; in der Nähe liegt ein großartiger, sauberer Strand. Die *Lambros* liegt jetzt einsam und verlassen im kobaltblauen Wasser der Bucht.

Kilada ist ein armes Dorf. Die Männer sind überwiegend Fischer. Einige bauen die traditionellen Boote, doch die Erfolgreichsten gehen zur See und fahren auf verschiedenen griechischen Frachtern und Tankern. 1938 kam die »Companie Transatlantique«, eine französische Schiffahrtsgesellschaft, zu dem Entschluß, ein Frachtschiff zu kaufen, das große Kühlräume und Platz für einige Passagiere für den Liniendienst nach Martinique und zu anderen Inseln in der Karibik haben sollte. Der Auftrag ging an Sainte des Ateliers et Chantiers de Saint Nazaire-Penhoêt, aber noch bevor die Bauarbeiten weit fortgeschritten waren, wurde Frankreich von den Deutschen besetzt, und alle Arbeiten am Schiff mußten eingestellt werden. Erst 1949 wurde es fertiggestellt. Es erhielt den Namen *Winnipeg* und machte nach der Indienststellung 168 Fahrten über den Atlantik in die Karibik. 1975 ging das Schiff an eine griechische Reederei über und wurde in *Lambros L* umgetauft. Anschließend fuhr es im allgemeinen Frachtdienst zwischen Italien und Nigeria und transportierte Sojabohnen von Brasilien und Argentinien nach Spanien und Syrien.

Die letzte Fahrt der *Lambros* verlief äußerst ungewöhnlich. Gechartert von einer syrischen Firma, verließ sie Ende 1976 Brasilien mit einer Teilladung Sojabohnen, die für den syrischen Hafen Latakia bestimmt war. Die Charterfirma sollte alle fünfzehn Tage Teilzahlungen an den Schiffseigner, einen Herrn Diapaniotis, leisten. Das tat sie anscheinend nicht. Nachdem er fünfundvierzig Tage lang kein Geld erhalten hatte, widerrief der Eigner den Chartervertrag und ging vor Gericht, um das Geld, das ihm seiner Meinung nach zustand, einzuklagen. Die *Lambros* war mittlerweile in Latakia eingetroffen; die Ladung war noch an Bord, und der Eigner beschloß, daß die Sojabohnen dort auch bleiben würden, bis er sein Geld erhalten hätte.

Fünf Monate später beorderte Diapaniotis sein Schiff schließlich nach Zypern, wo er die Ladung anderweitig verkaufen wollte, um wenigstens einen Teil des entgangenen Geldes zu retten. An diesem

Punkt wird die Geschichte etwas verwickelter. Vielleicht hatte die syrische Charterfirma in ihrem Land einen gewissen Einfluß oder entspechende Schmiergelder bezahlt. Auf jeden Fall übte die syrische Regierung auf die zypriotischen Behörden schweren Druck aus, nicht nur das Löschen der Ladung zu verhindern, sondern auch das Schiff in Verwahrung zu nehmen. Deswegen steuerte Theodoros Vourlidis, der damalige Kapitän, die *Lambros* mitten in der Nacht aus dem Hafen heraus und machte sich mit Volldampf auf den Weg nach Griechenland.

Die Flucht gelang. Diapaniotis befahl Kapitän Vourlidis, in der kleinen Bucht bei Kilada vor Anker zu gehen und die weitere Entwicklung abzuwarten. Kilada lag nahe bei Spetses, der Heimatinsel des Eigners, war geschützt und nahm wahrscheinlich nur sehr niedrige (wenn überhaupt) Hafengebühren. Die *Lambros* lag dort fünf Jahre lang, in denen die Kämpfe vor Gericht tobten. Dann, an diesem Frühlingsmorgen im Jahre 1982, unmittelbar nachdem er die Schlacht vor Gericht gewonnen hatte, verlor Diapaniotis den Krieg.

Von der Bauweise her stammt die *Lambros* aus einer Übergangszeit. Das heißt, mit ihrem großen Dampferschornstein, dem Heck nach Art der alten Handelsschiffe, dem platzvergeudenden Achterdeckshaus und der freigiebigen Ausstattung mit feinen Holztäfelungen unter Deck erinnert sie an ein Vorkriegsschiff. Der halbwegs windschlüpfige Aufbau, der scharf geschnittene Bug mit der hochgezogenen Schiffswand und die Träger mit den eingebauten Ventilatoren weisen jedoch eher auf die moderneren Nachkriegskonstruktionen hin.

Auf jeden Fall sind die Tage der *Lambros* gezählt. Der Brand, der augenscheinlich durch Spontanentzündung entstand, hat ihr wahrscheinlich den Rest gegeben. Das dreiunddreißig Jahre alte Schiff wieder instandzusetzen würde wahrscheinlich mehr kosten, als es wert ist. Außerdem haben Vandalen vieles gestohlen, was sich noch verkaufen ließe, und das Schiff befindet sich insgesamt in einem traurigen Zustand der Vernachlässigung. Wenn Diapaniotis

sich mit den Versicherern einigt, wird die *Lambros* wohl in die nächste Abwrackwerft geschleppt werden. Im Augenblick schwingt sie noch ruhig in der friedlichen Bucht von Kilada um ihren Anker.

Oben: **Dieser alte Herr arbeitet in Teilzeit für eine Bootswerft. Er hat sein ganzes Leben lang schwer gearbeitet und ist jetzt, mit über 70 Jahren, noch so kräftig wie viele Männer, die nur halb so alt sind. Hier dichtet er ein neues Fischerboot ab.**

Unten: **Bürgermeister Lekkas gehört der Gemüseladen, den er außen mit den Cartoonfiguren Tom & Jerry, Woody Woodpecker und Popeye verschönert hat.**

KAPITEL 2

Aksel 1

Antiquität zwischen Moscheen

Das Büro von O. Gazanfer Akar liegt verborgen im Istanbuler Stadtteil Karakoy. In diesem Bezirk finden sich große und kleine Schiffseigner, Agenten, Schiffszubehörhändler, Seehandelsbanken und andere Firmen, die auf die eine oder andere Weise mit der Schiffahrt zu tun haben. Aber ein ganz besonderes eigenes Flair unterscheidet Karakoy von den entsprechenden Vierteln beispielsweise in Liverpool, Marseille und Piräus. Sicher, es ist von den gleichen Massen fest angeheuerter und arbeitsloser Matrosen überfüllt, und die neuen modernen Gebäude sind von Bürohäusern eingerahmt, die alt genug aussehen, um von Suleiman dem Großen gebaut worden zu sein. Der eigentliche Unterschied ist auf den Straßen zu sehen. Sie wimmeln von Menschen. Rund um einen Häuserblock in Istanbul sieht man mehr Fußgänger, als es wahrscheinlich in ganz Los Angeles gibt — und fast alle sind Männer. In dieser moslemischen Gesellschaft gehören Frauen immer noch ins Haus. In den größeren Firmen arbeiten ein paar Sekretärinnen, aber die Büroarbeit wird überwiegend von Männern

Linke Seite: Die Festung Rumeli Hisar bewacht den Bosporus fünfzehn Meilen von Istanbul entfernt. Sie wurde 1452 von Mehmet II erbaut und ist heute eine Touristenattraktion.

erledigt. Eine europäische oder amerikanische Frau, die durch dieses Viertel spaziert, wird angesehen, als käme sie vom Mars.

Hier in der Karamustafapasa Sok. Guzel Bandirma Hani, einer Allee, liegt Gazanfers Büro. Du windest dich durch die Menge an den Straßenhändlern vorbei, steigst vorsichtig über einen toten Hund und erkennst plötzlich, daß du dich verirrt hast. Schnell kritzelst du die Adresse auf ein Stück Papier. Die Umstehenden sind äußerst hilfsbereit; alle studieren die Adresse und weisen dann in unterschiedliche Richtungen. Zum Schluß nimmt dich dann ein freundlicher Fremder (und davon gibt es viele) beim Arm und führt dich durch die Allee zurück zu einem Restaurant, dessen Eingang wie ein Loch in der Wand aussieht. Innen findest du so etwas wie eine enge Feuertreppe, die nach oben führt; die Wände sind so schmutzig, daß du sie nicht berühren magst. Du steigst über Gemüsekisten, die der Restaurantbesitzer dort abgestellt hat, und als du im ersten Stock angekommen bist, findest du die richtige Tür am Ende eines schmuddeligen, unbeleuchteten Korridors.

Für den Besucher, der vielleicht einen ergrauten alten Türken in einer Wolke aus süßem Tabak erwartet, ist Gazanfer Akar, Miteigner der *Aksel I*, eine Über-

Das Brückenhaus ist ein schönes Beispiel für die Schiffsarchitektur zu Beginn des 20. Jahrhunderts. Eigentlich ist die gesamte *Aksel* eine schwimmende Klassikerin. So selten anzutreffen ist kaum eine andere mechanische Schöpfung dieses Alters.

raschung. Er ist ein junger Mann, wahrscheinlich Mitte dreißig, mit glattem schwarzem Haar und einem kleinen gestutzten Schnurrbart. Er ist sehr groß und gesellig. Er sieht aus wie das türkische Gegenstück zu einem voll austrainierten Rugbyspieler. Gazanfers Masse und Liebenswürdigkeit füllen sein winziges Büro vollständig aus; man hat das Gefühl, zusammen mit einem Riesen in einem Wandschrank zu stehen.

Gazanfer und sein Bruder Yilmaz besitzen die *Aksel* erst seit ein paar Jahren. Sie ist ihr erstes und einziges Stahlschiff. Vorher besaßen sie ein Küstenschiff aus Holz. Von den Gewinnen, die sie damit machten, sparten sie genug, um eine Anzahlung auf die *Aksel* zu leisten, aber man spürt, daß sie immer am Rande der Liquidität entlang gleiten — jede geschäftliche Möglichkeit, jede Ausgabe wird sorgfältig abgewogen und noch hundertmal von allen Seiten betrachtet. Man bekommt das Gefühl, daß ein einziger falscher Schritt ausreicht, um sie und die *Aksel* untergehen zu lassen.

Gazanfer sagt, daß die *Aksel*, seit sie sie gekauft haben, Tee und Holz zu den bulgarischen Schwarzmeerhäfen Burgas und Varna transportiert und von dort mit Schrott nach Istanbul zurückkehrt. Außerdem fährt sie Dünger nach Izmir in der Ägäis und kehrt mit Salz nach Istanbul zurück; anschließend geht es mit Kohle, Tee und Mineralstoffen zu Schwarzmeerhäfen in der Osttürkei.

Die Schiffahrt in türkischen Gewässern ist gefähr-

Mit Ausnahme ihrer Dieselmaschine und des verkürzten Schornsteins kommt die *Aksel* ihrem Originalzustand noch so nahe wie jedes andere Frachtschiff, das in Südeuropa noch fährt — und das sind nur sehr wenige Schiffe ihres Alters.

Mitte: **Im Bosporus vor Anker liegend, wartet die *Aksel* auf Ladung. Sie ist gerade aus dem türkischen Hafen Zonguldak am Schwarzen Meer eingetroffen.**

lich. Das Ägäische Meer zwischen der Türkei und Griechenland ist mit Inseln übersät. Wohin man auch schaut, die Streitkräfte feindlicher und argwöhnischer Länder zeigen nur wenig Geduld oder Verständnis für Navigationsfehler. Im Westen liegt Griechenland, mit dem die Türkei schon fast im Kriegszustand war. Im Südosten liegen Syrien, der Libanon und Zypern, im Norden Bulgarien und, natürlich, die Sowjetunion. Dazu kommt das Wetter: speziell das Schwarze Meer ist berüchtigt für seine plötzlichen und heftigen Stürme. Gazanfer beschreibt eine Beinahekatastrophe auf der *Aksel*.

»Vor ein paar Jahren waren wir in der Nähe von Sile — das liegt an der Schwarzmeerküste — und plötz-

lich bekommen wir eine, wie heißt das noch (mit ungestümen Armbewegungen imitiert er eine Wasserhose — einen Wirbelsturm), und das ausgerechnet um 9.00 Uhr morgens. Als wir sehen, daß er auf uns zurast, nehmen wir Kurs auf die Küste. Wenn das Ding das Schiff trifft, nimmt es die Lukendeckel mit, und das Wasser läuft in die Laderäume, und das Schiff sinkt hundertprozentig. Das Ding war etwa fünfhundert Meter vom Schiff entfernt, und wir schauten auf das Ding, und wir sahen, daß es wie Rauch nach oben stieg, weißt du, und das Ding war fünfundzwanzig oder dreißig Meter im Durchmesser, und wir denken, daß irgendetwas mit dem Schiff passieren wird. Plötzlich sahen wir, daß die Luft auf die Laderäume niederstürzt, und wir sehen, daß die Lukendeckel von der Luft heruntergedrückt werden. Nun, alle hatten Angst, aber niemand versucht diese Angst zu zeigen, weißt du, und wir lächeln und versuchen, ein anderes Gesicht zu machen. Der Mann, der das Schiff führt, der am Steuer, weißt du, beginnt zu seinem Gott zu beten und religiöse Dinge zu sagen, so »Gott helfe uns« und »Gott segne uns«, und ich bin der Kapitän, und ich zeigte auch nicht, daß ich Angst hatte, weil sich die Mannschaft dann noch mehr Sorgen gemacht hätte.

Wir ändern also den Kurs des Schiffes und fahren auf die Küste zu, und es stürmt an uns vorbei, und nichts ist passiert.«

Die *Aksel* ist nicht immer entkommen. Ja, ihre Geschichte ist mit Mißgeschicken übersät. Bevor die Gazanfers sie kauften, war sie schon fünfmal auf Grund gelaufen. Trotzdem wird sie als »glückliche *Aksel*« bezeichnet. 1947 und 1948, kurz nachdem der erste türkische Eigner sie gekauft hatte, lief sie mit einer Massenladung Salz in den kleinen Hafen Amasra am Schwarzen Meer ein. Sie prallte gegen den Wellenbrecher und erhielt ein kleines Loch im Rumpf unter der Wasserlinie. Das Wasser schoß in einen der Laderäume und löste das Salz auf. Glücklicherweise kam sie mit eigener Kraft vom Wellenbrecher frei und schaffte es bis in den Hafen; dort wurde die matschige Ladung herausgepumpt und der

Links: Diese Positionslampe, mitgenommen, aber noch funktionstüchtig, zeigt deutlich, wie alt die Ausstattung des Schiffes teilweise ist.

Rechts: Diese Kajüte hätte es mit Ausnahme der elektrischen Beleuchtung und der »Frau in der Kunst« schon auf einem Handelsschiff zu Ende des 19. Jahrhunderts geben können. Ansonsten stammt die Einrichtung der Kajüte aus dem Jahre 1913, in dem die *Aksel* gebaut wurde.

Yilmaz Akar ist Kapitän und Miteigner der *Aksel*. Er und sein Bruder Gazanfer sind türkische Seefahrer in der dritten Generation. Ihr Vater und ihr Großvater waren Fischer im Schwarzen Meer.

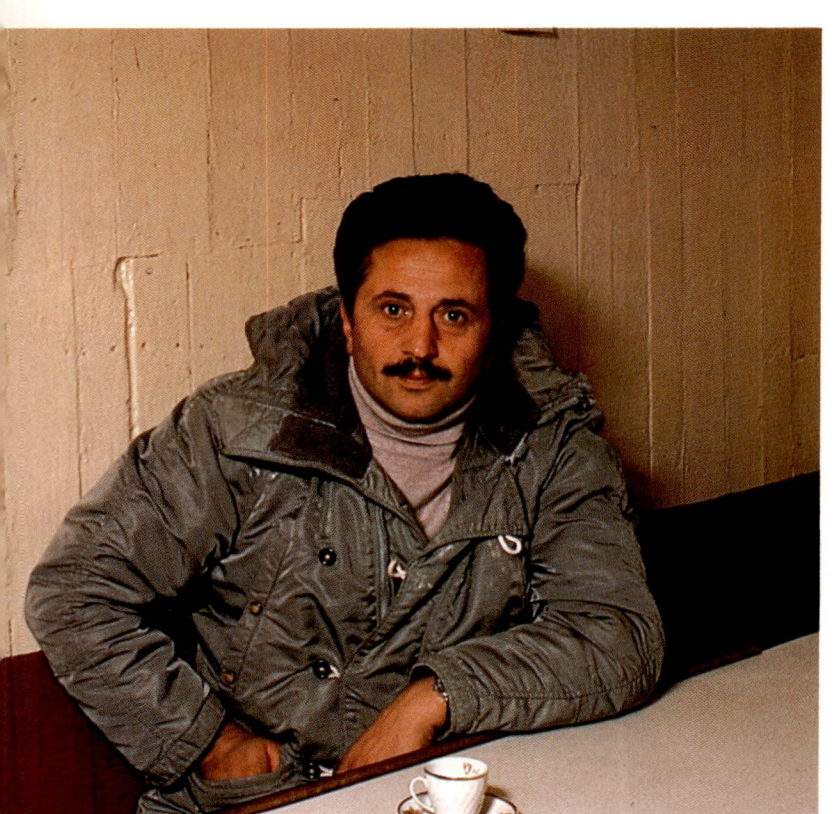

Rumpf repariert. Nach gut einer Woche fuhr sie wieder.

Der nächste Unfall fand 1979 statt. Mit einer Ladung Roheisen lief sie in der Nähe von Gallipoli auf Grund. Der Eigner schickte ein anderes Schiff, das die Ladung übernahm. Die *Aksel* erhielt nur eine 10 cm große Beule im Rumpf und brauchte nicht einmal eine neue Eisenplatte.

Zwei Monate später mit Ballast auf dem Weg nach Italien, kam sie vom Kurs ab. Die Sicht war schlecht, und das Radar funktionierte nicht. Vor der griechischen Insel Korfu lief sie auf Grund und saß zwei Monate lang fest. Als sie schließlich von der Sandbank geschleppt wurde, konnte der überglückliche Eigner feststellen, daß sie keinerlei Schäden erlitten hatte. Sie konnte jedoch nur kurze Zeit fahren, bis sie wieder auf Grund lief, dieses Mal vor Ayvalik an der türkischen Küste. Die Kohleladung wurde auf ein anderes Schiff umgeladen, und wieder stellte man im Hafen fest, daß sie keinen Schaden genommen hatte.

Unmittelbar bevor sie an die Gazanfers verkauft wurde, erlitt sie einen Maschinenschaden und trieb antriebslos vor Iskenderun, einem Hafen an der türkischen Südostküste. Gerettet wurde sie von der *Hilmiohgullari*, einem Frachter, der ihrem früheren

Eigner Hilim gehörte. Auf dem Weg zurück nach Istanbul lief das Schleppschiff vor einer kleinen griechischen Insel unmittelbar vor der türkischen Küste auf Grund. Die *Aksel*, immer noch ohne Maschinenkraft, trieb neben der *Hilmiohgullari*, bis sie ebenfalls auf Grund saß. Der einzige Schaden bestand in einer kleinen Beule im Rumpf.

Bei fünfmaligem Auflaufen hätte die *Aksel* nach der Wahrscheinlichkeitsrechnung schwer beschädigt werden oder gar sinken müssen. Das ist nie passiert, und deshalb wird sie auch als die »glückliche *Aksel*« bezeichnet.

Daß Küstenschiffe auf Grund laufen oder andere Unfälle erleiden ist nichts Ungewöhnliches. Echolote und Radargeräte arbeiten nicht immer einwandfrei, wenn überhaupt. Die Schiffe fahren in der Regel nahe an Land, so daß die Wahrscheinlichkeit eines Unfalls größer ist als bei Ozeanfrachtern. Die meisten Unfälle gehen jedoch auf menschliches Versagen zurück: Geringes seemännisches Können oder schlechte Navigation auf seiten des Kapitäns oder, häufiger noch, unerfahrene oder unqualifizierte Mannschaften. Auf vielen kleinen Schiffen fahren nur ein oder zwei Offiziere, und diese Männer sind nicht immer vom besten Kaliber. Der Kapitän muß manchmal schlafen, und das Schicksal schlägt mei-

stens dann zu, wenn ein anderer das Schiff führt.

Trotz aller Grundberührungen brauchte die *Aksel* nur zwei neue Platten im Rumpf — und das auch nur, weil sie mit einem Dock kollidierte. Im Laderaum Nr. 2 wurden ein paar Spanten ausgewechselt, und anstelle des hohen, dünnen Schornsteins der ursprünglichen Dampfmaschine trägt sie jetzt einen anderen. Die *Aksel* ist erstaunlicherweise noch fast das gleiche Schiff, als das sie 1913 gebaut wurde. Sie ist ein schwimmender Klassiker, ein Schiff, das manches Schiffsmuseum gern besitzen würde. Von der Werft R. Williamson und Sohn in Liverpool gebaut und *Kyle Queen* getauft, gehörte sie zu einer Reihe ähnlicher Schiffe, die wohl für die Küstenschiffahrt vorgesehen und klein genug waren, um auch einige der größeren Flüsse in Großbritannien zu befahren.

Ihr erster türkischer Eigner kaufte sie 1946 für 53 000 $. Sie wurde in *Kerdesler* umgetauft und hatte noch zwei weitere Besitzer, bevor Gazanfer sie kaufte.

Die *Aksel* wurde zuerst von einer Einfach- oder Doppelexpansionsdampfmaschine angetrieben und mit Kohle befeuert. Der Kohlebunker, unmittelbar vor dem Maschinenraum, existiert noch. Ankerspill

und Festmachewinsch wurden ursprünglich mit Dampf von der Maschine betrieben. Ein paar gußeiserne Bestandteile der Winschen sind noch vorhanden, doch jetzt werden beide Winden mit kleinen Dieselmotoren betrieben. Auch die Steuerung erfolgte über Dampf; die Kolben befanden sich unmittelbar hinter dem Steuerhaus. Eine Steuerborddrehung am Rad setzte den einen Kolben in Betrieb, eine Backborddrehung sein Gegenüber. Das Steuerrad ist jetzt über Zahnräder mit einem Kettenantrieb verbunden, der längs durch das Schiff verläuft und am Ruderschaft endet. Die *Aksel* läßt sich auf See selbst bei schwerem Wetter leicht steuern, aber offensichtlich ist es schwierig, sie bei langsamer Fahrt, und zwar besonders beim Anlegen, unter Kontrolle zu behalten. Aufgrund internationaler Bestimmungen befinden sich der Kartenraum und der Funkraum, die vorher an Deck unter der Brücke waren, jetzt hinter der Brücke, die dafür verkleinert wurde.

Die *Aksel* hat auch eine gute Rumpfform für rauhe See. Vor kurzem war sie mit siebzig Tonnen überladen, als sie in einen Sturm der Windstärke acht lief und keine Probleme hatte, ihre Ladung intakt abzuliefern und die Fahrt zu einem Gewinn zu machen. Das ist der andere Grund, warum sie als »glückliche

Mit seinen Moscheen, die sich gegen die untergehende Sonne abheben, hat Istanbul eine der schönsten Silhouetten der Welt.

Aksel« bezeichnet wird: All ihre Eigner haben viel Geld mit ihr verdient. Eine Familie namens Steinmetz kaufte sie als ihr erstes Stahlschiff nach einer Reihe kleiner hölzerner Küstenschiffe. Die Familie gehört jetzt zu den größten Schiffseignern in der Türkei.

Wenn du Gazanfers kleines Büro verläßt und durch die Karamustafapasa Sok. Guzel Bandirma Hani zurückgehst, hoffst du, daß die neuen Eigner der *Aksel* ebenfalls mit Wohlstand gesegnet sein werden.

KAPITEL 3

S. T. Crapo

Ein großes Schiff auf einem kleinen Fluß

4. August 1984, 21.50 h. Der Dritte Offizier Marv Kerr blickt auf den ersten Satz Leuchtbojen, während er schnell in das Funktelefon spricht: »WB6252, *S. T. Crapo* ruft Küstenwache Saginaw. Erreichen Richtfeuer in etwa einer Stunde. Erbitten Sicht und Schiffsverkehr.«

Schweigen, dann ein Ausbruch statischer Elektrizität, bevor die lakonische Antwort kommt: »WB6252, *S. T. Crapo*, hier Küstenwache Saginaw. Sicht zwei bis drei Meilen. Zur Zeit kein auslaufender Verkehr. Ende.«

Die Kanalbojen gleiten in Meilenabständen vorbei. Vom Fenster des Steuerhauses aus sucht Marv Kerr sie mit dem Fernglas und sagt seinem Rudergänger Kursänderungen an. Ein weiterer Funkspruch geht ein. Er stammt von dem Schwimmbagger *Northerly Isle*. Er informiert die *S. T. Crapo*, daß er den Fluß zwischen den Bojen 40 und 42 ausbaggert und gut fünfzehn Meter in die Fahrrinne hineinragt. Unglücklicherweise befindet sich der Schwimmbagger mitten in der gefährlichsten Flußschleife. Die beiden Männer tun lässig, machen sich aber doch Gedanken. Marv Kerr trägt den Funkspruch und die Position der *Northerly Isle* in das Logbuch ein.

Die 123 Meter lange *Crapo* befindet sich mit 6.900 Tonnen losem Zement an Bord in einem Kanal zwischen dem Huronsee und dem Saginaw. Sie kommt aus Alpena, weiter im Norden auf der Michigan-Halbinsel, und muß ihre Ladung an der Saginaw-Verteilerstation der Firma Huron Cement, 17 Meilen flußaufwärts, abliefern. Die *Crapo* befährt zwar die meisten der Großen Seen, aber der Saginaw bei Nacht ist eine der schwierigsten Strecken. Nicht nur, daß der Fluß schmal ist und scharfe Biegungen macht, es gibt auch noch eine Reihe von engen Brückendurchfahrten, durch die sie sich quetschen muß; dazu kommt gelegentlich ein Schiff, das flußabwärts fährt oder die Fahrrinne versperrt. Heute Nacht sind die Offiziere und Rudergänger besonders wachsam. Sie wissen, daß sie einen Fehler innerhalb von Sekunden korrigieren müssen, wenn die *Crapo* nicht auf Grund laufen oder, schlimmer noch, mit einer Brücke oder einem anderen Schiff kollidieren soll.

John »Mac« McClinton, ein gutgelaunter, ergrauender Exkanadier, steht am Steuer. Er, Marv und der Kapitän haben zusammen mehr als 125 Jahre Erfahrung mit Schiffen. Alle drei dienten im

Linke Seite: **Langsam läuft die *Crapo* in den Hafen der Huron Cement in Alpena, Michigan, ein.**

Rudergänger John »Mac« McClinton richtet ein Auge auf den Kompaß und das andere auf den Fluß vor sich. In seinem Gesicht zeigt sich, wie ernst er seine Arbeit nimmt.

Es ist eine Sache von Stunden, die *Crapo* mit Zement zu beladen. Früher, als der Zement sackweise an Bord genommen wurde, brauchte man dafür eine Woche.

2. Weltkrieg in der US-Marine, Marv auf Zerstörern und Mac zuerst auf Handelsschiffen, dann auf dem Flugzeugträger *Bunker Hill*. Nach dem Krieg fuhr Marv achtzehn Jahre lang auf den Großen Seen und Mac auf Frachtern und Tankern auf der ganzen Welt. Die beiden Männer arbeiten gut zusammen; sie ziehen sich gegenseitig auf, ohne dabei aber die Augen von der Fahrrinne voraus abzuwenden. Beide haben außerdem große Hochachtung vor Ralph Knechtel, dem Kapitän der *Crapo*. Marv behauptet, Knechtel sei einer der besten Schiffsführer auf den Großen Seen. Heute Nacht muß er das auch sein.

Schweigend gesellt sich der Kapitän zu den beiden Männern im Ruderhaus. Er ist ein freundlicher, großväterlich blickender Mann, der aussieht, als würde er glücklich und zufrieden einen Bonbonladen betreiben. 1942 ging er direkt aus der Schule auf die *John W. Boardman*, wo er zunächst als gemeiner Matrose arbeitete. Im Jahr darauf ging er zur Marine und diente während der Invasionen in Sizilien und Salerno auf dem Kreuzer *Savannah*. Er erzählt: »Am dritten Tag der Salerno-Invasion wurden wir von einer Bombe getroffen, die alle Mann auf dem Vorderdeck tötete. Ich war als Ausguck auf der Brücke. Meine gesamte Abteilung kam um.

Gegen Weihnachten kamen wir dann zurück. 1946 ging ich wieder zu Huron Cement und arbeitete mich dann langsam vom gemeinen Matrosen zum Rudergänger und schließlich zum Dritten, Zweiten und Ersten Offizier und dann zum Kapitän hoch.«

Ralph ist jetzt seit neun Jahren Kapitän, die ganze Zeit auf der *Crapo*. Auf seine sanfte Art beschreibt er seine einzige größere Kollision und lacht dabei still in sich hinein: »Vor ein paar Jahren bin ich in Milwaukee mit einem Dach zusammengestoßen. Mein Schwiegervater wollte es gar nicht glauben. Natürlich war das in einem Kanal, wo die Häuser über das Wasser ragten. Der Bug des Schiffes stieß gegen das Dach. Ein eingeschossiges Haus. Die Leute saßen gerade beim Essen, und ich nehme an, es hat sie ein wenig durchgeschüttelt. Peinlich war es mir schon — außerdem mußte ich den Vorfall der Küstenwache melden.«

Als die *Crapo* den Kanal verläßt und in den Fluß einfährt, ändert sich die Atmosphäre an Bord. Die Frotzelei hört auf. Ralph übernimmt von Marv und begibt sich zum mittleren Fenster an Backbord. Dort wird er die nächsten vier Stunden bleiben und den Rudergängern und dem Maschinenraum die entsprechenden Befehle geben.

Jim Stanley und Ralph Knechtel arbeiten im Team, um die *Crapo* rückwärts aus dem engen Hafen der Huron Cement zu bugsieren.

Die *Crapo* ist einzigartig: Angetrieben wird sie von einer kohlebefeuerten Kolbendampfmaschine. Die Dreifach-Expansionsmaschine befindet sich seit dem Bau im Jahre 1927 auf dem Schiff. Sie arbeitet mit drei Kesseln mit einem Druck von 80 Kilopond. Eine kleine Maschine am Ende von Kessel Nr. 3 bildet den Antrieb für Rückwärtsfahrt.

Im Feuerungsraum tief im Bauch des Schiffes arbeiten drei Heizer in einer Szenerie, die sich nur als Ausschnitt aus der Hölle beschreiben läßt. Die Hitze ist überwältigend. In dem engen Raum schießen die Flammen hoch, wenn die Heizer die Schlacke aus den Brennräumen ziehen. Asche behindert die Sicht wie Nebel. Trotz der Be- und Entlüftung verbrennt man sich an Metallflächen die Hände. Und trotzdem sind diese Männer mit ihrer Arbeit nicht unzufrieden. Heizer Joe McKay erklärt: »Ich mache das schon seit zwölf Jahren. Die Hitze macht mir nichts aus, und ich mag das Geld. So viel könnte ich sonst nirgendwo verdienen.«

Nächtlicher Blick nach achtern aus dem Brückenhaus der *Crapo*. Auf den Luken wird jeweils ein Rohr befestigt, so daß das Laden sehr schnell vor sich geht. Mit der Winde am Deckshaus werden beim Anlegen die Festmacheleinen dichtgeholt, so daß nicht unbedingt ein Schlepper erforderlich ist.

Heizer Joe McKay vor einem geöffneten Feuerungsraum.

Er und die beiden anderen Heizer verdienen zwischen 30 000 und 35 000 $ im Jahr. Andere würden vielleicht sagen, daß kein Geld auf der Welt sie dazu bringen könnte, so eine Arbeit zu tun. Aber diese anderen sind vielleicht auch noch nie arbeitslos gewesen. Die Heizer sehen die unerfreulichen Seiten ihrer Arbeit als einen kleinen Preis für ihre finanzielle Unabhängigkeit. Die *Crapo* wurde für den Zementtransport gebaut. Das Verladen der Zementsäcke mit der Hand dauerte ursprünglich über eine Woche; jetzt wird der Zement über Rutschen geladen, was nur noch vier oder fünf Stunden dauert. Die Pumpen befördern in sechzehn bis vierundzwanzig Stunden fast 9000 Tonnen Zement aus den Laderäumen in 140 m hohe Silos.

Die Firma Huron Cement betreibt außer der *Crapo* noch fünf weitere Schiffe, die Zement von dem Werk in Alpena, dem größten Zementwerk in den Vereinigten Staaten und dem zweitgrößten Werk der Welt, zu dreizehn Häfen rund um die Großen Seen fahren. Das liegt daran, daß nicht nur die Zementbestandteile natürlich in Alpena vorkommen, sondern daß das Werk auch so zentral gelegen ist, daß das Massengut kostengünstig zu so weit entfernt gelegenen Gegenden wie New York und Minnesota transportiert werden kann. Die meisten der siebenhundert

Beschäftigten arbeiten seit über einem Jahrzehnt für die Firma — kein schlechtes Zeugnis.

Drei Schwesterschiffe der *Crapo* sind ebenfalls Dampfer. Die 1898 gebaute *E. M. Ford* besitzt eine der wenigen Vierfach-Expansionsmaschinen, die es auf der Welt noch gibt. Leider liegt die *Ford* in Milwaukee wegen fehlender Aufträge vor Anker. Die beiden anderen Schiffe, die *John W. Boardman* und die *Luis G. Harriman*, wurden 1923 als Zementfrachter bzw. Mehrzweck-Massengutfrachter gebaut.

Die *Crapo* läuft mit sechs Knoten, während sie sich der ersten Schleife im Fluß nähert. Ralph befiehlt seinem Rudergänger: »Leicht Backbord, Mac, langsam. Kurs auf die rote Boje.«

Mac bewegt das große Speichenrad um eine Viertelumdrehung und antwortet: »Rote Boje liegt an, Käptn.« Die *Crapo* schiebt sich langsam in die erste Biegung.

»Jetzt Backbord auf das grüne Richtfeuer zu, Mac,« befiehlt Ralph und blickt auf ein Richtfeuer jenseits der Biegung. Als das Schiff sich der Mitte der Biegung nähert, läßt er sich wieder vernehmen: »Langsam Steuerbord, Mac. Ich halte.«

Der Rudergänger antwortet: »Langsam Steuerbord, Käptn.« Das Schiff ist aus der Biegung heraus und

hat jetzt ein gerades Stück vor sich.

Fast unmittelbar hinter der Biegung befindet sich eine Eisenbahnbrücke. Sie ist geschlossen. Marv betrachtet sie argwöhnisch durch das Fernglas. »Käptn,« platzt er heraus. »Da ist ein Zug auf der Brücke!«

Ein langer Güterzug verschmilzt farblich mit dem rostigen Metall der Brücke. Weder die Lokomotive noch der Bremswagen ist zu sehen. Der Zug kriecht so langsam über den Fluß, daß er sich kaum zu bewegen scheint.

Ralph schreckt hoch, sieht den Zug und läutet »Stop« auf dem Maschinentelegraph, gefolgt von »Langsame Fahrt zurück«. Die *Crapo* ist nur noch knapp 400 m von der Brücke entfernt. Sie wird merklich langsamer, treibt aber immer noch auf den Brückenbogen zu. Er kommt näher und näher. Der Kapitän läßt die Dampfpfeife einmal lang und einmal kurz ertönen, damit die Brücke geöffnet wird; ein tosendes Kreischen hängt über dem Fluß.

Noch bevor die *Crapo* zum Halten gekommen ist, ist der Bremswagen vorbei, und die beiden Brückenteile heben sich. Die *Crapo* fährt weiter. Ralph befiehlt Mac in die Mitte der Brücke, dann nach rechts. Die Durchfahrt ist neunundzwanzig Meter breit, die *Crapo* achtzehn Meter. Marv ist draußen, auf der

Ein Heizer mit Rechen holt die verbrannte Kohle aus den Feuerungsräumen. Die Schlacke muß entfernt werden, bevor sie die Luftdurchlässe in den Gitterrosten verstopft und den Wirkungsgrad der Feuerung verringert. Sie wird draußen mit dem Wasserschlauch abgelöscht.

Die Luft füllt sich mit Asche, wenn die Feuerungsräume ausgerecht werden. Die Heizer brechen verschmolzene Kohle mit einem Feuerhaken auf, damit das Feuer gleichmäßig brennt.

Die »schwarze Gang« posiert nach der Hälfte ihrer Wache. Wenn man von der automatischen Kohlezuführung absieht, hat sich die Arbeit des Heizers in hundert Jahren nur wenig geändert.

Steuerbordnock der Schiffsbrücke. Während die *Crapo* sich langsam vorwärts schiebt, ruft er: »Backbord sechs Meter, Steuerbord fünf Meter.« Von oben aus dem Steuerhaus sieht der Abstand zwischen dem Rumpf der *Crapo* und dem Brückenträger winzig aus. Marv, der jetzt achteraus blickt, wiederholt die Abstände mittschiffs, dann heißt es: »Heck klar, Käptn.« Die *Crapo* dampft weiter, weiße Rauchwolken über sich in der Abendluft.

Hinter einer weiteren Flußbiegung und zwei Meilen flußaufwärts überquert der Independence Highway den Fluß, eine Hauptverkehrsader zwischen Bay City und Essexville. Als die *Crapo* sich nähert, ertönen Warnglocken, und die Schranken werden heruntergelassen. Autofahrer steigen aus ihren Wagen, lehnen sich über das Geländer und bestaunen das riesige Dampfschiff, das unter ihnen durchfährt.

5. August, 11.00 h. Wachwechsel. Marv bleibt auf der Brücke, weil bei dieser kurzen Fahrt der Erste Offizier in Saginaw auf das Schiff kommt. Auch Ralph wird die Brücke nicht verlassen, bevor die *Crapo* ihr Ziel erreicht. Am Ruder steht jetzt Jim Stanley. Er ist achtundzwanzig Jahre alt, sieht aber mit seinen abgeschnittenen Jeans und den Turnschuhen wie achtzehn aus. Er fährt seit nahezu zehn Jahren und hat bereits sein Offizierspatent in der

Tasche. Er hat immer gute Arbeit geleistet, und man vertraut ihm: Fünf Meilen voraus liegt die Airport-Biegung, möglicherweise die gefährlichste Stelle auf dem Fluß.

Nach der Karte ist die Fahrrinne des Saginaw gut 60 m breit. Für ein Schiff von der Größe der *Crapo* sind davon jedoch nur 30 bis 45 m nutzbar. Wenn ein großes Schiff sich nahe am Rand der Fahrrinne befindet, entsteht durch die Böschung in Verbindung mit dem Sog der Schiffsschraube ein Vakuum, das das Heck des Schiffes unweigerlich in Uferrichtung zieht, bis es festsitzt. Diese Tatsache ist allen Offizieren und Rudergängern vertraut. Sie zu kennen ist eine Sache, in den wenigen Sekunden vor dem Auflaufen etwas dagegen zu tun, ist etwas ganz anderes.

01.26 h. Die *Crapo* fährt in die Biegung am Flughafen ein. Sie macht gegenwärtig nur noch fünf Knoten, das ist etwa die langsamste Fahrt, bei der sie noch gut auf das Ruder reagiert. Die Biegung geht über insgesamt 90° und ist etwa 1,5 Meilen lang. In der Mitte befindet sich ein gerader Abschnitt, an dessen Anfang und Ende der Fluß jeweils im Winkel von 45° abbiegt.

Ralph Knechtel läßt Jim Stanley auf ein Feuer an der Anlegestelle zuhalten. So bleibt die *Crapo* auf

der Backbordseite des Flusses und vermeidet eine Kollision mit dem Schwimmbagger Northerly Isle, der hinter der Biegung in die Steuerbordseite der Fahrrinne hineinragt. Dann befiehlt der Kapitän Kurs auf ein weißes Licht in der Mitte einer Brücke, die über eine Flußmündung außerhalb der Fahrrinne führt. Die *Crapo* fährt langsam in den geraden Abschnitt ein. Sichtbar sind jetzt nur noch zwei weiße Lichter, die von zwei roten auf dem Steuerhaus *Northerly Isle* flankiert werden. Der Schwimmbagger sieht wie ein kleiner Frachter ohne Masten aus und ragt direkt im Scheitelpunkt der vorausliegenden Biegung in die Fahrrinne hinein. Das ist unangenehm, weil die *Crapo* jetzt die Biegung nicht schneiden kann.

Immer noch auf dem geraden Abschnitt sagt Ralph: »Gut, Jimmy, jetzt mitten auf die Plakatwand zu.« Jim bringt das Steuer schnell um fast um eine Umdrehung nach Steuerbord herum, um den Bug auf eine beleuchtete Plakatwand am nahegelegenen Highway 13 auszurichten.

Ein, zwei Augenblicke des Zögerns. Plötzlich dreht Jimmy das Steuer ganz nach Steuerbord. »Käptn, es passiert nichts,« sagt er. »Das Steuer liegt hart rechts, aber sie reagiert nicht!«

Achtern und mittschiffs wird die *Crapo* näher und

Der Maschinist überprüft ein Kreuzkopflager der Haupt-
maschine.

näher an das Ufer herangezogen. Nur knapp
dreihundert Meter voraus liegt die zweite Biegung.
Wenn die *Crapo* nicht auf das Ufer aufläuft,
kracht sie bestimmt in die Brücke über der Flußmündung.
Ralph Knechtel ist instinktiv zum Maschinentelegraph gegangen. Ohne Zögern läutet er »Volle
Kraft voraus« und stellt den Servomotor für die vor-
dere Schraube auf hart links. Seinem Rudergänger
befiehlt er: »Ruder auf hart rechts lassen,
Jimmy.«
Braunes Wasser brodelt auf beiden Seiten der
Crapo. Jimmy macht sich Sorgen. »Sie bewegt sich
immer noch nach links, Käptn. Sie kommt nicht
herum.«
»Marv«, befiehlt der Kapitän. »Sag John, er soll uns
alles geben, was er hat.«
Marv Kerr steht bereits am Telefon zum Maschinenraum. «John,« schreit er dem Dritten Ingenieur zu.
»Gib uns alles, was du drauf hast — höchste Um-
drehungszahl!«
Fast im gleichen Augenblick bildet sich hinter der
Schraube der *Crapo* ein riesiger Strudel, als Tonnen
von Wasser gegen das Ruder drücken. Das Schiff dreht
vom Ufer ab in die Biegung hinein.
Schnell dreht Jim das Steuerrad auf Backbord zurück
und läutet »Langsame Fahrt voraus« auf dem
Maschinentelegraphen, während die *Crapo* im
Abstand von höchstens fünf Metern an der *Northerly Isle* vorbeigleitet. Ein Seufzer der Erleich-
terung dringt durch das Steuerhaus.
Zwei Kurven und fünfundsiebzig Minuten später
erreicht die *Crapo* ihren Bestimmungsort. Um
03.10 h sind die Leinen draußen, die *Crapo* hat am
Dock festgemacht, und ein sehr müder Kapitän
Knechtel läutet »Maschine aus«.

Die Alpena-Connection

Die historische Begegnung fand an einem wolkigen Tag
Anfang August 1984 auf der Michigan-Halbinsel statt.
Im kleinen Hafen der Huron Cement trafen die beiden
ältesten kohlebefeuerten Dampfschiffe ihrer Größe auf
der Welt auf das weltweit älteste dampfgetriebene
Frachtschiff. Es war ein bedeutender Augenblick, von
dem aber kaum jemand Notiz nahm.
Diese Begegnung erfolgte in der schläfrigen Kleinstadt
Alpena (40 000 Einwohner) am Ufer des Lake Huron,
an der kanadischen Grenze einhundert Meilen südlich
von Sault Sainte Marie. Das Land dort gehörte
ursprünglich den Chippewa-Indianern, die es aber nur
als Verbannungsort für ihre Ausgestoßenen nutzten. In
den siebziger Jahren des 19. Jahrhunderts wurde dort
überwiegend Holz gefällt. Dann stellte der Drogist der
Stadt, der mit dem dort vorhandenen Kalk experimen-
tierte, fest, daß er den erst kürzlich entdeckten Port-
land-Zement herstellen konnte. Die Bewohner von
Alpena machten die Feststellung, daß sie auf einem der
größten Kalkvorkommen in den Vereinigten Staaten
saßen. Mit all den Zementzutaten und den exzellenten
Transportwegen, die sich durch die Großen Seen aufta-
ten, war die Zukunft Alpenas gesichert. Heute ist
Alpena eine attraktive Stadt, deren Hauptarbeitgeber,

Die *E. M. Ford* ist wahrscheinlich der älteste Frachter dieser Größe auf der Welt. Sie befindet sich noch im Originalzustand.

Die Kinsman Independent dampft in das Huron-Werk, um Zement zu laden.

Seite an Seite dampfen die Kinsman Independent und die Crapo im Huron-Werk Alpena vor sich hin. Die beiden gehören zu den sehr wenigen kohlebefeuerten Dampfern, die noch in Betrieb sind; sie sind Überlebende einer dahinschwindenden Spezies, die einst alle Meere der Welt befuhr.

Huron Cement, nach wie vor mit den lokalen Ressourcen arbeitet. Huron Cement ist nicht nur am Wohlergehen der Gemeinschaft interessiert, sondern auch stolz auf seine Flotte aus alten Dampfschiffen. Sie werden ausgezeichnet instandgehalten und tun dafür der Firma gute Dienste.

An diesem Tag im Sommer des Jahres 1984 lud die kohlebefeuerte *S.T. Crapo* (1927 gebaut, 4769 BRT) Zement für die Verteilerstation der Firma in Saginaw, als die kohlebefeuerte *Kinsman Independent* in den Hafen dampfte, um 14000 Tonnen Zement für das Huron-Werk in Superior, Wisconsin, zu laden. Die *Independent* (7490 BRT) wurde 1923 von der American Shipbuilding Company in Lorain, Ohio, gebaut und gehört zur Kinsman-Lines-Flotte, die sich im Besitz von George Steinbrenner, Eigner der New York Yankees, eines Baseball-Teams, befindet.

Während diese beiden Kohlenbrenner im Hafen vor sich hin dampften, lag die *E.M. Ford* gar nicht weit entfernt auf einer Helling. Von der Cleveland Shipbuilding Company 1898 gebaut, befindet sie sich noch im Originalzustand und ist der älteste noch in Betrieb befindliche Großfrachter auf den Großen Seen und wahrscheinlich auf der ganzen Welt. Sie hat 4575 BRT und eine Vierfach-Expansionsdampfmaschine. Es handelt sich noch um die Originalmaschine aus dem Jahr 1898, wobei die *Ford* allerdings 1975 auf Öl umgestellt wurde.

Am folgenden Tag dampfte auch die *George A. Sloan* in den Hafen, um 13000 Tonnen Petroleumkoks für das Kraftwerk der Firma zu entladen. Die 1943 gebaute *Sloan* befindet sich im Besitz von United States Steel (siehe Kapitel 16).

Zusammen bilden diese vier Schiffe einen beträchtlichen Teil der fünfzehn dampfgetriebenen Frachter, die es in den Vereinigten Staaten und in Kanada noch gibt. Die *Crapo* und die *Independent*, die einzigen kohlebefeuerten Schiffe, die dort noch fahren, sind höchstwahrscheinlich die einzigen kohlebefeuerten Großfrachter ihres Alters, die es auf der Welt noch gibt. Wer sich etwas aus alten Schiffen macht, hofft sicherlich, daß zumindest eines dieser Schiffe erhalten bleibt, wenn es seine Dienste getan hat. Vielleicht bekommt diese zementherstellende Stadt eines Tages ein schwimmendes Museum, eine dauernde Alpena-Connection.

Das Fieldstonehaus an der majestätischen, baumbestandenen State Street wurde kurz vor Ende des 19. Jahrhunderts erbaut.

Eine Seitenstraße in der kleinen Stadt Alpena am Ufer des Lake Huron.

KAPITEL 4

Bergseth und Opsanger

In den Fjorden Norwegens

Der kleine blonde Andoss ist auf Erkundungsreise. Er ist durch die Kombüse gewatschelt und liegt jetzt bäuchlings über der Schwelle der Tür, die zum Achterdeck führt. Er versucht, eines seiner pummeligen Beinchen über die Schwelle zu bekommen, und blickt auf einen weißen Rettungsring an der Heckreling. Zwanzig Schritte weiter, und er ist an oder unter der Reling hindurch und liegt möglicherweise im eisigen Wasser des Osterfjord. Die sechsjährige Hanna beobachtet ihren kleinen Bruder schweigend; sie will sehen, ob er die Schwelle überwinden kann und irgendetwas anrichtet. Im Notfall wird Hanna ihm bestimmt zu Hilfe eilen, aber so weit ist es noch nicht. Eva, die Mutter der Kinder, backt norwegische Pfannkuchen und unterhält sich mit den Besuchern. Im Augenblick hat sie den achtzehn Monate alten Andoss aus denn Augen verloren.

Eva Bernes ist eine energische und robuste junge Frau. Das trifft sich gut, denn außer ihren Mutterpflichten nimmt sie noch die Aufgaben des Zweiten Offiziers, Kochs, Festmachers, Rudergängers, Deckschrubbers und Schiffsmalers wahr. Sie hat an der Universität Bergen Design studiert und nach dem Abschluß ein Jahr lang in Bergen Schaufenster dekoriert. Dann hat sie Ove geheiratet und mußte ihr Leben völlig ändern. Statt als elegante, ledige junge Dame fand sie sich als Matrosin auf einem kleinen Frachtschiff wieder, deren Wohnort ein winziges, abgeschiedenes Dorf am Osterfjord war.

Jetzt, wo Eva für zwei kleine Kinder sorgen muß, fährt sie nicht mehr immer auf der *Bergseth* mit; besonders im Winter, wenn das ganze Schiff mit Eis überzogen ist, bleibt sie zu Hause. Dann nimmt Ove einen anderen Matrosen mit, und Eva ist mit den Kindern allein. Ob das schwer für sie ist! »Nein,« antwortet sie.

»In meinem Heimatdorf wohnen auch meine Schwiegermutter, meine Schwägerin und die ganze Familie. Sie sind sehr, sehr nett. Wir stehen uns alle sehr nahe, so daß ich mich nicht als Außenseiterin fühle. Man ist immer zusammen.«

»Was ist mit den Kindern, sind sie sich der Gefahren um das Schiff bewußt?«

»Hanna schon,« antwortet Eva. »Schon als sie noch sehr jung war, etwa im Alter von zehn Monaten, hat

Linke Seite: Die *Opsanger* läuft aus dem Hafen von Bergen aus.

Die *Bergseth* fährt durch den Osterfjord, um eine Ladung Sand abzuliefern.

sie sehr viel von dem verstanden, was wir ihr erklärt haben. Sie paßt schon auf, aber Andoss . . .« Sie hält inne und blickt sich nach dem Baby um. Als sie sieht, daß der Kleine auf dem Weg nach draußen ist, macht sie einen Satz, nimmt ihn auf und setzt ihn an einer sicheren Stelle neben sich ab. Sanft ermahnt sie Hanna, daß sie ihren Bruder nicht zurückgehalten hat. Die schüchterne Hanna ist gekränkt und versteckt ihren Kopf im Schoß ihrer Mutter.

Die *Bergseth* transportiert Sand für den Straßenbau und die Zementherstellung. Er stammt aus einem Steinbruch am Ende des Osterfjord und ist für nahegelegene Fjorde oder für Bergen bestimmt. Die Fahrten dauern nicht lange, im allgemeinen weniger als einen Tag hin und einen Tag zurück. Gelegentliche Fahrten an der Küste entlang dauern bis zu einer Woche. Abgesehen von zwei Monaten mitten im Winter, in denen Instandsetzungsarbeiten durchgeführt werden, ist die *Bergseth* fast immer unterwegs. Sie macht etwa hundertzwanzig Fahrten im Jahr.

Die als Leuchtturmversorungsschiff gebaute *Bergseth* hatte ursprünglich Kojen für etwa ein Dutzend Mann in der Back. Sie versorgte die norwegischen Leuchttürme bis 1962; in diesem Jahr wurde sie an einen Privatmann verkauft und in ein Frachtschiff umgewandelt. Dazu erhielt sie das Ruderhaus eines Fischerbootes und den Kartenraum eines anderen kleinen Schiffes. Ove, der sie seit fünf Jahren besitzt, hat 1983 noch ferngesteuerte Lukendeckel einbauen lassen.

Andoss ist bei seinem Vater im Ruderhaus abgegeben worden. Ove steuert die *Bergseth*, während er den kleinen plappernden Andoss in den Armen wiegt und ihm von sich und seiner Arbeit erzählt. »Ich war zwanzig Jahre alt, als ich mit der Seefahrt begann. Ich fuhr mit Herrn Bergseth, dem damaligen Eigner dieses Schiffes. Er wollte es verkaufen, um ein größeres anzuschaffen, und so nahm ich bei der Bank einen Kredit auf und kaufte es. Damals kostete der Kredit nur etwa 10% Zinsen. Jetzt wären es mehr als 15%. Heute könnte ich das Schiff also

wahrscheinlich nicht kaufen. Ein neues Schiff für den Sandtransport zu kaufen, kann man sich nicht leisten, und für den Transport profitablerer Ladungen braucht man ein viel teureres Spezialschiff.«

Ove redet weiter über die veränderten Geschäftsbedingungen für die Küstenschiffahrt in Norwegen. »Die Schiffe werden größer und sind mit immer mehr Spezialgerät ausgestattet; viele kleinere Schiffe fahren nicht mehr, weil sie mit den größeren nicht konkurrieren können. Auf einem kleinen Schiff verdient man nicht genug. Die Anzahl der Besatzungsmitglieder bleibt etwa gleich. Wir können auf diesem Schiff mit einer Ladung von dreihundert Tonnen zu dritt fahren, und vielleicht bräuchte ich nur vier oder fünf Mann auf einem viel größeren Schiff, das die doppelte oder dreifache Ladung faßt.«

Die Zukunft sieht nicht rosig aus. Wird Ove mit der *Bergseth* weitermachen oder würde er lieber etwas anderes tun? Er antwortet: »Wenn man mit einer Arbeit begonnen hat, muß man weitermachen. Das ist meine Meinung. Es ist schwer, mitten im Leben etwas anderes zu beginnen.«

Aber Ove ist intelligent und sieht aus, als würde er jede gute Gelegenheit, die sich bietet, beim Schopfe greifen. Außerdem liebt er seine Arbeit, und so schlecht kann das Geschäft auch nicht laufen. Im letzten Winter konnten Eva und er Urlaub in Florida machen.

Das Essen ist fertig. Ove und Andoss gehen unter Deck, um Pfannkuchen zu essen, und Eva und Hanna übernehmen das Steuer, während die *Bergseth* sich zwischen den hohen Bergen, die sich in der Abendsonne golden färben, ihren Weg sucht.

Die *Bergseth* auf Fahrt im Osterfjord in der Nähe von Bergen.

Auf der Opsanger im Veafjord

Oben: **Der achtzehn Monate alte Andoss hat einen großen Teil seines jungen Lebens auf der *Bergseth* verbracht und fühlt sich ganz wohl, wenn er ihre Decks und Kajüten erkunden kann.**

Mitte: **Die Familie Bernes an Bord der *Bergseth*. Der Mann rechts ist Evas Bruder.**

Unten: **Die Cousins Mons und Jan Vik gönnen sich zu Mittag Smörrebrot, während Henning am Steuer der *Opsanger* steht.**

Die *Opsanger* ist ein Sandtransporter wie die *Bergseth*. Abgesehen von ihrer V-12-Dieselmaschine befindet sie sich größtenteils noch im Originalzustand des Baujahres 1917. Der Rumpf besteht aus einer Doppelbeplankung aus 8 cm dicker schwedischer Ulme auf Stahlspanten. Deck und Steuerhaus sind ebenfalls aus schwedischer Ulme. Dieses Holz erfreut sich in den skandinavischen Ländern im Schiffbau hoher Wertschätzung, weil es direkt mit Stahl verbunden werden kann, ohne daß das Metall rostet. Die *Opsanger* ist kleiner als die *Bergseth*, kann aber etwa fünfzig Tonnen mehr Sand laden. Sie befindet sich ebenfalls in Familienbesitz.

Mons und Jan Vik sind Vettern, beide Anfang dreißig, und fahren zusammen auf der *Opsanger*. Mons ist der Ingenieur und zusammen mit seinem Vater der Eigner des Schiffes. Jan ist der Kapitän. Sie haben gerade eine Ladung Sand in der Nähe von Bergen abgeliefert und sind auf dem Rückweg. Ihre Route führt durch eine der großartigsten Landschaften der Erde.

Es ist ein wunderschöner Augusttag, und die Berge, die sich direkt aus dem Fjord gen Himmel erstrecken, sind mit Koniferen und jungem Sommergras bedeckt. Die Fjorde zeigen sich in tausend Abstufungen von grün und blau. Es liegt Freude in der Luft.

Wie die meisten ihrer Landleute nutzen Jan und Mons das Wetter aus. Ihr »Anzug« besteht aus Shorts und Tennisschuhen. Ihr Matrose Henning, der früher auf Torpedobooten der norwegischen Marine fuhr, ist ähnlich gekleidet. Henning funktioniert gleichzeitig auch als Koch. Seine Spezialität sei kräftig gewürztes Rindfleisch, sagt Mons. Heute gibt es jedoch nur ein einfaches Smörrebrot: dänische Salami, Jarlsberg-Käse, eingelegte Heringe, Zwiebeln und gutes norwegisches Roggenbrot mit Butter. Henning übernimmt das Steuer, während Mons und Jan essen. Anschließend gehen die beiden zum Steuerhaus zurück. Der eine übernimmt das Schiff, während der andere in einem alten Plastikdeckstuhl in der Sonne liegt. Das nennt man wohl ein schweres Matrosenleben.

Im Sommer ist es eine reine Freude, hier auf einem Küstenschiff zu fahren; aber für den Winter gilt gerade das Gegenteil und ein norwegischer Winter dauert das halbe Jahr. Die Arbeit im Winter fordert viel Kraft und kann gefährlich sein. Bei Temperaturen unter Null wird jeder Tropfen Wasser an Bord zu Eis. Wenn sich Eis oder Schnee auf einem Schiff ablagern, das unter Ballast fährt, kann es unter den Tonnen von zusätzlichem Gewicht über der Wasserlinie kentern. Das Eis muß mit einer Axt aufgehackt und die Decks müssen dauernd freigeschaufelt werden. Die Sicht ist häufig gleich Null, und in den schmalen, gewundenen Fjorden nach Radar zu navigieren ist bestenfalls nur schwierig. Bei schweren Schneestürmen ist der Radarempfang meistens sehr schlecht.

Vor der Küste kann es gleichermaßen schlimm sein. Heftige Winde und rauhe See sind in der Nordsee im Winter an der Tagesordnung, und die Lukendeckel müssen dann sehr dicht sein. Aus einem leeren Laderaum kann man das Seewasser herauspumpen, aber wenn ein Schiff mit Sand beladen ist und der Lukendeckel nicht dicht hält, nimmt die Ladung das Wasser auf, bis das Schiff unter dem zusätzlichen Gewicht sinkt. Im Januar und Februar lassen die Viks die *Opsanger* normalerweise im Hafen liegen. Wenn jedoch genügend Ladung vorhanden ist, um eine Fahrt zu rechtfertigen, verzichten sie jedoch nur ungern auf den zusätzlichen Verdienst.

Es ist früher Abend, als die *Opsanger* ihren Heimathafen erreicht, ein malerisches Dorf in zehn Meilen Entfernung von Stamnes. Die Sommersonne steht noch hoch am Himmel, als die *Opsanger* festgemacht hat und die beiden Vettern sich in einen alten Opel zwängen und sich auf den Weg nach Hause machen. Zu Hause, das ist Vik, und Vik ist außergewöhnlich.

Nach ein paar Meilen auf der Hauptstraße, die um den Fjord führt, biegt der Opel auf einen schmalen Weg ab, der in die Höhe führt. Über eine Zickzackstraße geht es höher und höher hinauf, bis schließlich ein kleines grünes Tal zwischen zwei Bergkämmen erreicht ist. In der Fallinie dreihundert Meter tiefer scheint sich der gesamte Osterfjord den Blicken darzubieten. Jenseits des Fjords reichen die Berge von Horizont zu Horizont.

Dieses Tal, das sich in eine Biegung in den Bergen schmiegt, schmückt sich mit üppigen Wiesen und Piniengehölzen. Über das Tal verteilt stehen zwölf Häuser, die alle der Familie Vik gehören. Neben Nils (Mons' Vater) und Johannes (Jans Vater) gibt es noch zwei ältere Vik-Brüder sowie acht Söhne und Töchter mit Familie. Jede Familie lebt in ihrem eigenen Haus mit dem traditionellen steilen Dach und hat ihren eigenen Gemüsegarten. Irgendwie flößt

einem das Vik-Tal in seiner Schönheit und Ruhe Ehrfurcht ein.

Der erste Vik in Vik war Großvater Nils, der das Tal bei einer Versteigerung im Jahre 1860 kaufte. Er schlug Holz und hatte einen kleinen Bauernhof. Zwei seiner Söhne, die Väter von Mons und Jan, begannen mit einem kleinen Boot und schafften sich später größere Schiffe an. Sie transportierten Fisch, Sand, Holz und fast alles andere, was tranportiert werden mußte, denn damals gab es nur wenige Straßen an den Fjorden. Jan und Mons fuhren mit ihren Vätern, seit sie Kinder waren. Mons besuchte

eine Schule für Schiffsingenieure, und Jan ließ sich in einer speziellen Schule zum Kapitän für die Küstenschiffahrt ausbilden. Beide haben jeweils einen kleinen Sohn, und wenn sie auch behaupten, daß es den Kindern selbst überlassen bleibe, wird doch höchstwahrscheinlich eine weitere Generation von Viks in dem kleinen Dorf Familien gründen und Trampschiffe durch die norwegischen Fjorde fahren.

Morgendämmerung über dem Veafjord.

KAPITEL 5

Savilco

Torpediert!

Als die deutschen Panzer im Mai 1940 ihren Blitzkrieg gegen Holland und Belgien begannen, fuhr die *S. S. Wickenburg* aus Rotterdam ab. An Bord waren eine gemischte Ladung und zwölf verängstigte Passagiere, die dem Gemetzel zu entkommen hofften. Die *Wickenburgh* war planmäßig nach Curaçao und anderen holländischen Inseln in der Karibik unterwegs. Sie passierte Hoek van Holland vor Rotterdam und nahm Südkurs entlang der holländischen Küste; sehr weit kam sie allerdings nicht. Ohne Vorwarnung wurde sie mittschiffs von einem deutschen Torpedo getroffen, der in der Nähe des Maschinenraums explodierte.

Ein hübsches Schiff war sie. Erst vor zwei Jahren war sie in Lübeck für die Firma W. H. Müller in Holland gebaut worden. Größer als ein Küstenfahrzeug, aber kleiner als die meisten Ozeanfrachter war die *Wickenburgh* mit ihrem überdachten Deck speziell für den Karibikhandel konstruiert worden. Sie hatte vorn einen großen Kühlraum und luxuriöse Aufenthaltsräume für ihre zwölf Passagiere. Außerdem hatte sie zum Schutz gegen das Nordseeeis besonders dicke Rumpfplatten, was sie aber nicht

vor dem Torpedo schützte.

Die *Wickenburgh* war an diesem Morgen allein unterwegs. Konvois gab es noch nicht, erst recht nicht in Holland. Es waren Extra-Wachen aufgestellt, aber niemand bemerkte etwas. Das U-Boot mußte speziell für den Zweck vor der holländischen Küste gelegen haben, solch fette Beute wie die *Wickenburgh* zu machen; und waffenlos, wie das Schiff war, war es wirklich eine leichte Beute: Eine klare, glänzendweiße Silhouette vor der tiefliegenden holländischen Küste. Der U-Boot-Kommandant hatte sich zweifellos ausgerechnet, daß ein Torpedo ausreichen würde. Er hatte recht gehabt.

Stellen Sie sich vor, Sie arbeiteten als Maschinist im Kesselraum des Schiffes, einem Raum von vielleicht zwanzig Meter Länge, neun Meter Breite und fünfzehn Meter Höhe. Sie arbeiten unterhalb der Wasserlinie; vier sehr steile Leitern sind die einzige Möglichkeit, an Deck zu kommen. Der Maschinenraum ist überfüllt mit dem riesigen Kessel, einer Dreifach-Expansionsdampfmaschine und Dutzenden von Hilfsmaschinen, Kühlern, Generatoren, Pumpen und anderem schweren Gerät. Überall um Sie herum

Linke Seite: Die *Savilco* liegt in einem kleinen Hafen südlich von Piräus. Sie bildet einen interessanten Kontrast zu den Appartementhäusern, die das Ufer säumen.

Der Fünfzylinderdiesel von M. A. N. wird von den Technikstudenten in makellosem Zustand gehalten.

Emmanuel Marcozanis erklärt Besuchern die von ihm gegründete Schiffahrtsakademie Pythagoras.

Die Studenten lernen, wie ein elektrisches Ankerspill betrieben wird. Der Rost darauf zeigt, daß es nicht oft benutzt wird.

Der Umgang mit Winden und Ladung ist ein wichtiger Teil der praktischen Ausbildung. Die *Savilco* bietet dafür ausgezeichnete Möglichkeiten. Hier wird den Studenten gezeigt, wie man Ladebäume zum Laden oder Entladen aufriggt und in Position bringt.

sind Rohre mit heißem Dampf, und wenn eines davon beschädigt wird, sind Sie in weniger als einer Minute verbrüht. Abgesehen von einem kleinen Oberlicht wird die gesamte Beleuchtung elektrisch erzeugt. Die Explosivkraft eines Torpedos ist so groß, daß das anschließende Feuer mit Sicherheit über die zerrissenen Kraftstoffleitungen auch das gebunkerte Öl in Brand setzt und damit ein sofortiges Inferno entstehen läßt. Jetzt verstehen Sie vielleicht, warum man im Krieg für die Arbeit im Maschinenraum eines Schiffes tapfere Männer braucht.

Als der Torpedo die *Wickenburgh* traf, befanden sich wahrscheinlich vier Mann im Maschinenraum. Die Explosion und ihre Folgen müssen wie das Ende der Welt gewesen sein: Zerrissene Rumpf- und Deckplatten, zerfetzte Kessel- und Dampfleitungen, das scheußliche Zischen von ausströmendem Heißdampf und die Schreie der verbrühten Männer, die plötzliche Schlagseite durch Tausende von Litern Seewasser. Schlimmere Umstände kann man sich kaum vorstellen. Für die, die in der Dunkelheit gefangen waren, orientierungslos und ohne zu wissen, welche Leitern noch nach oben führten, muß die Lage hoffnungslos erschienen sein.

Irgendwie schafften es alle, nach oben zu kommen.

Dieses RCA-Radargerät (Modell CR103), eines der ersten Serienradars, fand auf vielen Liberty-Schiffen im 2. Weltkrieg Verwendung.

Das Funktelefon der *Savilco* stammt angeblich aus einer DC-3 der US-Armee. Auch der Großteil der restlichen Funk- und Navigationsausrüstung des Schiffes stammt aus ausgeschlachteten Schiffen und Flugzeugen.

Der Funkraum des Schiffes sieht aus wie ein Fernmeldemuseum. Aber fast alle Geräte funktionieren noch. Auf dem Tisch stehen zwei Empfänger und rechts davon ein Sender von Radio Holland. Links vom Tisch Teile der Sendeanlage, die jeweils in verschiedenen Frequenzbereichen arbeiten.

Mit Hilfe der Glücklicheren — und vielleicht auch der Decksmannschaft — gelangten auch die Verletzten über Leitern, die nicht aus ihren Befestigungen gerissen waren, in Sicherheit. Sobald sich Besatzung und Passagiere an Deck versammelt hatten, wurden die Rettungsboote zu Wasser gelassen, und alle verließen das Schiff, bevor es sank.

Daß auf der *Wickenburgh* niemand getötet wurde, ist eine Art Wunder, das wahrscheinlich zwei Faktoren zugeschrieben werden kann. Als erstes war der Kessel höchstwahrscheinlich nicht überhitzt (ein überhitzter Kessel führt Dampf unter sehr hohem Druck). Wenn er überhitzt gewesen wäre, wäre es beim Auseinanderreißen des Kessels wahrscheinlich zu einer zweiten Explosion gekommen, die alle Mann im Maschinenraum getötet hätte. Zweitens hatte der deutsche U-Boot-Kommandant wahrscheinlich nicht erkannt, wie gering der Tiefgang der *Wickenburgh* war, und seinen Torpedo zu tief angesetzt. Dadurch schlug der Torpedo wahrscheinlich auf Höhe des Maschinenraumdecks oder sogar noch tiefer, irgendwo am Kiel, ein. Der Aufschlagpunkt lag also nicht direkt im Maschinenraum.

Die Überlebenden der *Wickenburgh* erreichten die holländische Küste, wo sie ein ungewisses Schicksal

erwartete. Das Schiff sank auf den Grund des Ärmelkanals, wohin ihm später viele andere Schiffe, alliierte und deutsche, folgten.

Nach dem Krieg kauften viele Reedereien alte Liberty-und Victory-Schiffe, Frachter, die auf amerikanischen und kanadischen Werften gebaut worden waren, um die ungeheuren Mengen an Kriegsgerät und Nachschub zu transportieren. Diese Schiffe eigneten sich jedoch kaum für die Schiffahrt in Europa, die sich langsam wieder entwickelte. Die Werften in Europa lagen noch in Schutt und Asche, und ähnliches galt auch für die Stahlwerke und die meisten Produktionsstätten für all die Spezialmaschinen, die man für ein neues Schiff benötigt. Die Firma W. H. Müller, Eigner der *Wickenburgh*, auch wenn sie noch auf dem Grunde des Ärmelkanals lag, brauchte ein kleineres Schiff für den Europa-Nordafrika-Dienst. Warum also nicht die *Wickenburgh* heben lassen? Warum eigentlich nicht. Schließlich war sie praktisch noch neu und nur zwei Jahre lang in Dienst gewesen, bevor sie torpediert worden war, und wenn man sie heben konnte, würde man dadurch viel Zeit und Geld sparen. Die *Wickenburgh* lag nicht weit von Rotterdam entfernt in flachem Wasser. Mit Hilfe von Schläuchen pumpten Taucher Druckluft in viele Tanks und

andere relativ dichte Räume. Mit riesigen Kränen auf Leichtern wurde sie gehoben; das Wasser wurde herausgepumpt und eine Platte provisorisch auf das Loch im Rumpf geschweißt. Anschließend wurde sie nach Rotterdam geschleppt. Aber das war nur der einfachere Teil der Operation.

Als die *Wickenburgh* in die Werft Niehuis & van den Berg in Rotterdam gebracht wurde, bestätigten sich die Befürchtungen. Nach mehr als acht Jahren auf dem Meeresgrund waren die riesige Dampfmaschine, die gesamte Elektronik und alle Hilfsmaschinen so korrodiert, daß nichts mehr damit anzufangen war. Einige Pumpen und andere Geräte konnten wieder instandgesetzt werden, doch die gesamte Antriebsanlage mußte ausgetauscht werden. Aber wogegen? Schiffsdiesel, die groß genug gewesen wären, um die *Wickenburgh* anzutreiben, gab es noch nicht; gleiches galt für die Navigations- und Funkausrüstung.

Beide, die Werft und die Firma Müller, suchten Europa nach Ersatzteilen ab, zunächst erfolglos. Dann hörte jemand von einer fast neuen deutschen Dieselmaschine, die möglicherweise zu haben war. Ingenieure prüften die technischen Daten und kamen zu dem Schluß, daß sie für die *Wickenburgh* zu gebrauchen war. Nach einer Inspektion griff die

Firma Müller zu. Es handelte sich um einen Fünfzylinder-MAN-Diesel mit 1450 PS aus einem Schiff, das nie ausgelaufen war — ein deutsches U-Boot.

Auch als die Maschine eingebaut war, hatte die Suche noch längst kein Ende. Glücklicherweise wurde bestimmtes Gerät schon wieder produziert. Zwei neue Dynamos wurden bestellt, dazu Elektromotoren für die Winschen und Winden. Man kaufte eine elektrische Steueranlage von Siemens und ein RCA-Radargerät; eine Funkausrüstung war jedoch nicht zu bekommen.

Gelöst wurden die Probleme durch die bewährte Methode des Ausschlachtens. Das Telefunken-Funkpeilgerät, das sich auch ursprünglich an Bord befunden hatte, kam von einem Liberty-Schiff, das verschrottet werden sollte. Aus derselben Quelle stammte auch der Funktelegraph. Irgendwo fand sich ein alter US-Marinekompaß. Als krönender Abschluß kam das Funktelefon aus einer C-47 Dakota (Douglas DC-3) hinzu. 1953 schließlich fuhr die *Wickenburgh* wieder, eine mechanische und elektronische Arche Noah.

In den folgenden elf Jahren fuhr die *Wickenburgh* zwischen Holland, England, Frankreich und Nordafrika mit Hauptanlaufhäfen in Marokko. 1964 wurde sie an einen griechischen Kaufmann namens Livas verkauft. Unter Umdrehung der Buchstabenfolge seines Namens taufte er das Schiff in *Savilco* um. Unter ihrem neuen Eigner fuhr die *Savilco* als Trampschiff und transportierte Holz von Archangelsk in Rußland nach Griechenland und später von Rumänien nach Tripoli im Libanon. Eine Zeitlang fuhr sie auch mit Mischladungen zwischen Italien, Spanien und Algerien. Livas, Minister in der griechischen Regierung, war anscheinend ein besserer Politiker als Schiffsmagnat, denn seine Reederei machte Konkurs, und eine griechische Bank übernahm das Schiff. Acht Jahre lang rostete die *Savilco* in Piräus vor sich in. Ihr jetziger Eigner, Iacovos Emmanuel Marcozanis, kaufte sie 1971 für den Gelegenheitspreis von 65 000$, und zum zweiten Mal erhob sich

der Phönix aus der eigenen Asche.

Die Geschichte Marcozanis' ist eine aus einer erstaunlichen Anzahl von griechischen Erfolgsstories. In echter Horatio-Alger-Manier begann er bescheiden; sein Vater war ein Holzarbeiter in Piräus. Der 1919 geborene Marcozanis erkämpfte sich seinen Weg durch das Polytechnikum und studierte Maschinenbau und Architektur. 1945 begann er als Lehrer an einer Fachschule in Piräus und gründete drei Jahre später sein eigenes »technisches Institut« mit einer Gesamtzahl von vier Schülern. In den folgenden dreißig Jahren wurden die Pythagoras Maritime and Technical Schools, benannt nach dem griechischen Philosophen und Mathematiker, zur größten privaten technischen Akademie in Griechenland. Sie hat 3500 eingeschriebene Studenten und über 200 Professoren und Lehrkräfte. Gegenwärtig nimmt sie fünf große Gebäude in Piräus und eines in Athen ein. Der Lehrplan reicht von Kfz-Mechanik und Elektrotechnik bis zu Maschinenbau und Architektur, aber mehr als die Hälfte der Kurse und Studenten befassen sich mit der Ausbildung zum Offizier oder Ingenieur der Handelsmarine. Über 60 % der Ingenieure auf Schiffen unter griechischer Flagge haben einen Abschluß der Pythagoras-Schulen. Mit vierundsechzig ist Marcozanis ein wohlhabender

Mann, der in Immobilien und der byzantinischen Welt griechischer Politik tätig ist. Als er die *Savilco* kaufte, befand sie sich in einem traurigen Zustand der Vernachlässigung. Es dauerte acht Monate, bis unter anderem eine neue Schraube und eine neue Welle eingebaut, die Maschine überholt, der größte Teil der Ladeeinrichtungen ausgetauscht und ein paar neue Ladebäume eingebaut waren.

1972 fuhr die *Savilco* wieder aus. Der Kapitän, Antonios Hazifotis, ein gemächlicher, rundlicher Grieche, der das Schiff auch schon unter seinem früheren Eigner führte, beschreibt die letzten Jahre als Trampschiff.

»In dieser Zeit (1972—1980) fuhren wir mit der *Savilco* im gesamten Mittelmeerraum. In Saloniki luden wir zweitausend Tonnen Dünger für Trabzon am Schwarzen Meer. Dann nach Constanza und von dort mit Baumstämmen in den Libanon. Die *Savilco* ist sehr gut für Baumstämme. Sie hat vorn große Laderäume und die Winschen sind sehr hoch angebracht, so daß wir große Deckladungen transportieren können. Wir hatten viel Holz an Deck, vielleicht drei Meter hoch, mit Ketten befestigt, und vor den Dardanellen kommen wir in Sturm von Windstärke 8 (45—55 Knoten), und wir glauben, daß wir vielleicht Ärger bekommen. Aber die *Savilco* zeigt sehr

gute Stabilität. Kein Problem bei rauher See. Sie hat eine gute Rumpfkonstruktion und dicke Stahlplatten. Deswegen bekommen wir keinen Ärger.« Kapitän Hatzifotis steht auf der Brücke und zeigt Besuchern sein altes Schiff. Er fährt mit der Hand über das antike Funktelefon. Ein Besucher fragt, ob es noch funktioniert. Kapitän Hatzifotis nickt heftig. »Sicher, wenn man es instand hält, funktioniert es auch. Das sind einfache Geräte. Den Schaden findet man schnell, aber es ist schwer, Ersatzteile zu bekommen — manchmal müssen wir selbst welche anfertigen.« Er zeigt auf den Sender am Schott hinter der Brücke. »Bei dem da war einmal im Libanon die Röhre kaputt, und wir konnten keine neue finden, weil das Gerät schon so alt ist. Also nimmt sich der Zweite Offizier, der darin sehr gut war, das Gerät vor, baut die Röhre auseinander und macht sie innen wie neu, und ich beobachte ihn, und jetzt können wir das alle. Kein Problem.«

Das Problem ist, daß Kapitän Hatzifotis kein Kommando mehr hat. In den ersten acht Jahren, die die *Savilco* für Marcozanis fuhr, transportierte sie meistens Holz und Zement aus europäischen Häfen nach Nordafrika. Dann beschloß Marcozanis, sie als schwimmende Ausbildungsstätte einzusetzen, auf der die Kadetten aus erster Hand lernen konnten, wie ein

Handelsschiff geführt wird. Aus irgendeinem Grunde verweigerten die griechischen Behörden Marcozanis die erforderliche Genehmigung, mit Kadetten zu fahren. Deshalb liegt die *Savilco* jetzt in Piräus fest. Einige Aufenthaltsräume wurden in Unterrichtszimmer umgewandelt, wo die Studenten Navigation und Technik lernen. Aber die Ausbildung ist nicht so wirkungsvoll, wie sie auf See gewesen wäre.

Die *Savilco* ist ein ideales schwimmendes Klassenzimmer. Die Maschinenanlagen werden unter den wachsamen Augen des Lehrpersonals gut von den Studenten instand gehalten. In den alten Passagierkabinen könnten ohne weiteres zwei Dutzend Kadetten gleichzeitig untergebracht werden. Aber bis die griechischen Behörden nachgeben und die erforderliche Genehmigung erteilen, wird die *Savilco* nirgendwohin fahren.

Antonios Hatzifotis hofft, daß er noch einmal die Gelegenheit bekommen wird, die *Savilco* zu führen. Seit mit der weltweiten Rezession ein Großteil der griechischen Handelsflotte überflüssig wurde, hat er keine Anstellung als Kapitän oder auch als Offizier auf einem anderen Schiff mehr gefunden. Nachdenklich blickt er auf See hinaus. Was soll man machen? Er kann nichts tun. Und so wandert Hatzifotis gelegentlich eine Zeitlang über sein altes Schiff, blickt sehnsuchtsvoll auf das Meer hinaus und spaziert wieder nach Hause.

KAPITEL 6

Belama

Überfahrt nach Kadavu

*Ü*ber meinem Kopf dröhnt eine Fidschi-Kriegstrommel. Müde wälze ich mich aus der oberen Koje, ziehe etwas an und gehe dem Geräusch nach. Die Sonne ist noch nicht zu sehen, und die Luft ist kalt. Eingerollt in ihren Schlafmatten, teilweise mit Handtüchern zugedeckt, liegen Fidschi-Insulaner wie wollköpfige Kokons an Deck. Die kleine *Belama* bietet Platz für zwölf Kabinenpassagiere und neunzig Deckspassagiere. Dem einzelnen Passagier wird auf dem Liegedeck ein Platz von 60 x 250 cm, auf dem Sitzdeck ein Platz von 120 x 45 cm zugestanden. Jeder Zoll an Deck ist belegt, wobei allerdings nicht klar ist, von wie vielen »Sitzenden« und wie vielen »Liegenden«. Die beiden Kategorien von Passagieren verschmelzen zu einer vielfarbigen, amorphen Masse. Man muß schon sehr beweglich sein, um das Deck zu überqueren, ohne auf einen schlafenden Fidschi-Insulaner zu treten.

Das Dröhnen wird lauter. Vorn, unter der Brücke, sitzen fünf Männer um einen Kameraden herum, der auf etwas einschlägt, was wie ein altmodisches hölzernes Butterfaß aussieht. Ein großer, gutaussehender junger Insulaner läd mich ein, mich dazuzusetzen. Er heißt Jess. Er und seine Freunde sind in Suva gewesen und kehren jetzt in ihr Dorf zurück, das auf der anderen Seite der Insel liegt, der wir uns nähern. Jess' Freund zerreibt Wurzeln, um daraus Kava zu machen, das Nationalgetränk der Fidschi-Inseln mit seiner halbnarkotischen Wirkung. Die Männer haben die ganze Nacht getrunken, und ihre Augen glänzen. Sofort wird mir ein Becher angeboten. Es ist 6.00 h morgens, und ich würde viel lieber eine Tasse Kaffee trinken, um sie aber nicht zu beleidigen, nehme ich einen Schluck. Es schmeckt wie schmutziges Abwaschwasser und betäubt meine Zunge. Der Brauch verlangt es, die ganze Schüssel zu leeren. Ich bedanke mich höflich und erkläre ihnen, vor dem Frühstück tränke ich nie Kava. Es beginnt ein Gespräch über ihre Inseln, und innerhalb von fünf Minuten ist es so, als seien wir sieben Brüder, die sich lange nicht gesehen haben. Das liegt nicht am Kava. Es liegt an den Fidschi-Insulanern. Sie sind die nettesten und freundlichsten Menschen auf der Welt.

Die *Belama* nähert sich Vunisea, dem ersten Haltepunkt und der einzigen richtigen Stadt auf der Insel

Der Schornstein der *Belama* bildet einen lebhaften Kontrast zum blauen Himmel über den Fidschi-Inseln.

Linke Seite: **Die *Belama* vor Anker vor der Insel Kadavu.**

Kapitän Sammy im Steuerhaus.

Kadavu. Das südlich der Hauptinsel Viti Levu mit der Stadt Suva gelegene Kadavu ist ein ziemlich menschenleerer, fünfundsechzig Kilometer langer Gebirgsstreifen, der wie der süditalienische Stiefel aussieht. Die einzige ebene Stelle der Insel liegt hier im Nordosten. Vunisea rühmt sich nicht nur des einzigen Flugplatzes und des einzigen Anlegeplatzes auf der Insel, sondern auch der einzigen Dreikilometerstraße — vom Flugplatz zum Anlegeplatz. Häuser, einige kleine Läden und ein paar heruntergekommene öffentliche Gebäude liegen wahllos verteilt

zwischen Bougainvilleas, Palmen und Riesenfarnen. Angebundene Kühe und Ziegen grasen faul an der Korallenstraße. Die *Belama* läd Baumaterial aus; an Bord kommt nicht viel. In einer Stunde ist sie schon wieder unterwegs mit westlichem Kurs auf die anderen Dörfer der Insel.

Jess und seine Freunde trinken immer noch Kava. Jess hat acht Jahre lang in Suva, nach Papeete der zweitgrößten Stadt im Südpazifik, gelebt und als Buchbinder in der staatlichen Druckerei gearbeitet. Ich frage ihn, wie sich das Leben in der Stadt von dem im Dorf unterscheidet. Er runzelt die Stirn und antwortet: »Nun, wenn man in Suva lebt, hat man

dauernd Sorgen. Man weiß, es dreht sich alles nur ums Geld. Das braucht man für alles und jedes. In Kadavu braucht man sich darum keine Sorgen zu machen — Geld gehört nicht zum Leben. Im Dorf ist nur wichtig, daß man sich um alle Verwandten kümmert. Ich meine, wenn man Lebensmittel oder etwas anderes hat, das sie benötigen, schenkt oder leiht man es ihnen. Auf den Fidschi-Inseln ist es beispielsweise Tradition, daß wir im Dorf uns um eine Familie kümmern, die den Ernährer verloren hat. Wir gehen fischen und geben ihnen ein paar Fische ab. Man geht in den Busch und bringt ihnen etwas zu essen mit. Das hat nichts damit zu tun, daß man sich gegenseitig hilft; es gehört einfach zum Leben.«

Wir fahren in etwa einer Meile Entfernung parallel zu dem grünen Gebirgszug, der sich über die Insel erstreckt. Jetzt nähert sich die *Belama* einem kleinen Dorf namens Richmond. In Schlingen wird Sperrholz in die Arbeitsboote niedergelassen, die längsseits kommen. Ein Arbeitsboot nimmt Kurs auf das Ufer; es ist hoch beladen mit Sperrholz und Zementsäcken, auf denen ein neuer Außenbordmotor thront. All das ist für die neue Methodistenschule bestimmt, die sich noch im Bau befindet. Auf der Rückfahrt bringt das Arbeitsboot neue Passagiere mit, die Säcke mit Kavawurzeln dabeihaben.

Ein freundlicher alter Herr mit einem hübsch geschnitzten Rohrstock sitzt gelassen an Bord der *Belama* und genießt den Trubel um sich herum. Sein Name, sagt er, sei Ratu Arthur Tuigalo Soqo Soqo, und er sei ein Häuptling. »Ratu,« erklärt Arthur »heißt königliche Hoheit, Tuigalo bedeutet König von Malo, und Soqo Soqo, von meinem Vater geerbt, ist die Bezeichnung für den, der die Menschen aus den Dörfern zusammenbringt und vereint.«

Ratu Arthur ist ein Erlebnis. Er spricht mit britischem Akzent der alten Schule, und sein ganzes Auftreten, alles an ihm sprüht vor Fröhlichkeit. »Ich bin auch Lehrer gewesen, ja«, sagt er mit einem Lachen. »Ich trage zwei Hüte. Zuerst war ich Lehrer hier an

Ein Matrose steuert die *Belama* längsseits an das Dock in Vunisea.

Ratu Arthur Tuigalo Soqo Soqo, Häuptling von Bukulevu, kehrt nach Kadavu zurück, nachdem er Dorfangelegenheiten in Suva erledigt hat.

Ein Matrose verändert die Position des Ladebaums, um Benzinkanister zu laden.

der Grundschule in Richmond, dann Landwirtschaftsbeauftragter, anschließend Forstbeamter — bis 1960. Außerdem habe ich meine Aufgabe als Häuptling. In meinem Bezirk hier, in Bukulevu, haben wir elf Dörfer. Außerdem gibt es jetzt vier Schulen. Alle bekommen zumindest eine Grundschulbildung. Ja, das ist die Aufgabe des Häuptlings, die von Generation zu Generation weitergegeben wird — in meinem Fall seit mindestens vier Generationen.«

Ich frage Ratu Arthur, der auch in Australien gewesen ist und etwas von der Welt gesehen hat, ob sich das Leben in den Dörfern seit seiner Kindheit geändert hat. »Ich glaube nicht, daß es viele Veränderungen gegeben hat,« antwortet er. »Mit einer Ausnahme vielleicht: Wenn die Kinder von hier fortgehen, kommen sie mit anderen Ideen und so weiter zurück. Ich finde alles in Ordnung. Im Gegensatz zu damals, als der Häuptling alles für die Leute am Laufen halten mußte, tun sie jetzt selbst mehr, treffen mehr Entscheidungen selbst. Es gibt Besprechungen, in der Regel montags in den einzelnen Dörfern, möglicherweise die Männer am Morgen und die Frauen am Nachmittag; dabei werden den Einzelnen jetzt bestimmte Arbeiten zugewiesen. (Das gesamte Land befindet sich in Gemeinbesitz). In den alten Tagen arbeiteten die Leute vielleicht nicht so viel, aber jetzt arbeiten sie wohl härter. Sonst können sie ihre Kinder nicht zur Schule schicken.«

Ich frage ihn, woran das liegt. »Nun, es kostet 110 $ im Jahr, ein Kind über die Grundschule hinaus lernen zu lassen, und das wollen sie alle. Sie wollen, daß ihre Kinder eine Schulbildung erhalten, und außerdem ist das eine Statusfrage; deshalb glaube ich, die Leute arbeiten schwerer als vorher, aber ansonsten gibt es nicht viele Veränderungen in diesen Dörfern.«

Während die *Belama* die Insel umfährt, hält sie in

Ein Arbeitsboot mit Passagieren nähert sich der *Belama*. Im Hintergrund der Mount Washington, der nach dem US-Präsidenten benannt ist.

einer Bucht nach der anderen, meistens in tiefem Wasser vor einem Korallenriff. Diese dauernd von den Wellen gepeitschten Riffe schützen die ruhigen türkisblauen Lagunen dahinter. Wolken gleiten über die Berge, sie kommen und gehen. Das kräftige Grün der Berge, das glänzende Blau der Lagune und die tiefblaue See kreieren eine Fantasie in Farbe. Langsam, aber stetig fährt das Schiff die Nordküste Kadavus hinunter. Hin und her fahren die Arbeitsboote und transportieren Baumaterial, Benzinfässer und sonstiges sowie heimkehrende Passagiere zu den abgeschiedenen Dörfern. Neue Passagiere kommen an Bord, um ihre Ernte, in der Regel Kavawurzeln, Tapioca oder Süßkartoffeln, in Suva zu verkaufen. Diese Welt vermittelt ein zufriedenes Gefühl der Kontinuität. Das Leben hat sich gegenüber gestern nicht geändert; es wird auch morgen noch so sein.

Die *Belama* kann im Verhältnis zu ihrer Länge eine große Anzahl Passagiere aufnehmen. Sie wurde in Hongkong für den britischen Hochkommissar der Solomon-Inseln gebaut, als sie noch britische Kolonie waren. Der Hochkommissar benutzte sie für seine Inspektionsreisen. Nach fünf Jahren wurde sie auf die »Gilbert and Ellis Islands« verkauft, wo sie in etwa dem gleichen Zweck diente, bevor aus diesen Inseln die Republik Tarawa entstand. Dann ging sie in den Besitz der Wongs über. Die »Wong Shipping Company« betreibt außerdem den Frachter *Tovata* mit 450 Tonnen und die *Evelyn*, einen 12-m-Hilfskutter, mit dem Copra und Versorgungsartikel zu und von den kleinsten Inseln transportiert werden.

Auf Kadavu soll es einhundert Dörfer geben, und am zweiten Tag sieht es so aus, als habe die *Belama* bei der Hälfte davon haltgemacht. Es dauert unbeschreiblich lange, die Arbeitsboote zu beladen, sie durch die Riffe zu bringen, zu entladen und wieder zu beladen, zum Schiff zurückzukehren und die kleinen Ladungen auf die *Belama* umzuladen. Die Firma Wong muß kämpfen, um im Geschäft zu bleiben. Die Ladungen sind zu klein, um die Zeit zu

rechtfertigen, die man zum Laden und Entladen braucht. Die Mitnahme von Passagieren bringt zwar etwas Geld ein, aber das reicht auch noch nicht aus, um die geringe Produktivität des Schiffes wettzumachen.

Patrick Wong, ein aufgeweckter junger Mann, der die Firma mit seinem Vater Wong Si Sing führt, beschreibt die Misere. »Die Fidschi-Inseln sind irgendwie merkwürdig im Kreis angeordnet. Alle Inseln gehen strahlenförmig von Suva aus. Die meisten kleineren Inseln liegen in einem Umkreis von ein- bis zweihundert Meilen um den Haupthafen, so daß sie in weniger als zwölf bis achtzehn Stunden zu erreichen sind. Die Inseln lassen sich in drei Klassen einteilen. Zunächst einmal sind da die größeren wie Vanua und Ovalau, auf denen die Mehrheit der Bevölkerung lebt und die das größte Frachtaufkommen haben. Dort gibt es Straßen, und vor kurzem kaufte eine Firma ein paar alte Fähren, und jetzt wird alles mit dem Auto transportiert. Dann kommen einige Inseln, auf denen das Frachtaufkommen recht hoch ist; dort gibt es aber keine Straßen, und seit einiger Zeit fahren ein paar neue Schlepper und Leichter zu diesen Inseln. Wir konnten da nicht mithalten. Deshalb bleiben uns nur die kleinen Inseln ohne Straßen und die übriggebliebenen Brocken an Fracht. Das reicht einfach nicht.«

Si Sing, der liebenswürdige ältere Wong, wurde auf den Fidschi-Inseln geboren, führte eine Plantage und kaufte sich anschließend ein kleines hölzernes Küstenschiff. Er fuhr fort, kleine Schiffe zu kaufen und zu verkaufen, und schaffte es schließlich bis zu Stahlfrachtern. Ein drittes Schiff, die *Isakoola*, lief auf ein Riff vor der Hauptinsel und ging verloren. Jetzt befindet sich Wong sen. in einem Dilemma. Er hat sich ausgerechnet, daß es mindestens eine halbe Million Dollar kosten würde, ein modernes Schiff — sei es eine kleine Fähre oder ein Schlepper mit Leichtern — zu kaufen, um gegen die Konkurrenten bestehen zu können. Da aber die Regierung den Schiffsverkehr nicht reguliert und einzelnen Firmen keine festen Routen zuweist, würde sich das Frachtaufkommen auf den lukrativeren Routen nach wie vor auf mehrere Firmen verteilen, so daß es schwierig oder gar unmöglich sein könnte, die Investition zu amortisieren. Die Lösung könnte darin liegen, daß die Regierung die Routen und die Frachtraten festsetzt und damit sowohl die Schiffahrtsgesellschaften als auch die Öffentlichkeit schützt. Das ist aber noch nicht geschehen.

Die neuen Passagiere der *Belama* haben es sich bequem gemacht. Hinter dem Schornstein wird schon den ganzen Morgen Karten gespielt. Die Männer trinken Kava, lachen und klatschen ihre Karten auf das Deck. Die Frauen haben ihren eigenen Platz. In ihren glänzenden Sarongs weben sie Matten mit farbenprächtigen Rändern, die sie in Suva verkaufen wollen. Die Frauen kichern und unterhalten sich bei der Arbeit. Kleine Kinder ruhen in ihrem Schoß. Ein Junge scheint fehl am Platze zu sein. Er lacht nicht und hält sich von den anderen jungen Leuten auf dem Schiff fern; nachdenklich blickt er auf die anderen. Wir unterhalten uns.

Estuva (Name geändert), ein ruhiger Sechzehnjähriger, kehrt aus Suva in sein Dorf zurück. Er wäre gern in Suva geblieben und zur Schule gegangen oder hätte sich Arbeit gesucht, aber es gibt nur wenige Arbeitsplätze, und er wird zu Hause gebraucht. In der Stadt hat er bei Verwandten gewohnt, ist in ein paar wundervollen Kinos gewesen und hat weitere aufregende Dinge erlebt.

Jess hat mir erklärt, daß die jungen Leute zwar die Aufregung in Suva lieben, daß das Leben für sie aber in den Dörfern leichter ist. Ich frage Estuva, ob die Arbeit im Dorf einfacher ist, als sie es in Suva wäre. Er zögert keinen Moment. »Nein,« sagt er. »Wir müssen in die Wälder gehen, um Yams-Wurzeln für den Markt zu suchen. Wir müssen immer im Garten arbeiten — pflügen, pflanzen, düngen und ernten. Das ist wirklich schwer.«

»Und du magst diese Art von Arbeit nicht?« möchte ich wissen.

»Nein, ich bin sehr faul. Diese Arbeit liegt mir nicht,« antwortet Estuva ruhig. »Ich will das nicht.«

Ich wechsele das Thema und frage ihn, wie das Dorfleben so ist. Seine Antwort überrascht mich. »Schon in Ordnung, aber letzte Woche wurde mein Vater getötet.«

»Getötet? Wie?« frage ich.

»Er ist an Krebs gestorben. Der Doktor konnte ihn nicht herausschneiden, und nach etwa zwei Tagen war er tot.«

»Warum sagst du dann, er sei getötet worden?« frage ich. »Krebs ist eine Krankheit.«

»Nein, in Wirklichkeit ist Krebs keine Krankheit,« erläutert Estuva. »Ein paar Leute in meinem Dorf haben ihm das in den Kopf gezaubert.«

»Warum? Warum sollten sie das getan haben?«

»Wegen unseres Hauses —«

Ich unterbreche ihn. »Wegen eures Hauses? Ihr wohnt in einem schönen Haus und deshalb wollten sie ihn töten?«

»Ja, neidisch. Im Dorf müssen die Leute neidisch werden, wenn man in einem schönen Haus mit hübschen Möbeln wohnt.«

Ich frage mich immer noch, ob dieser Junge mich auf den Arm nimmt. »Diese Leute haben also böse Gedanken auf deinen Vater gerichtet und er hat Krebs bekommen? Wie haben sie das angestellt?«

Estuva meint es völlig ernst. »Sie finden einen

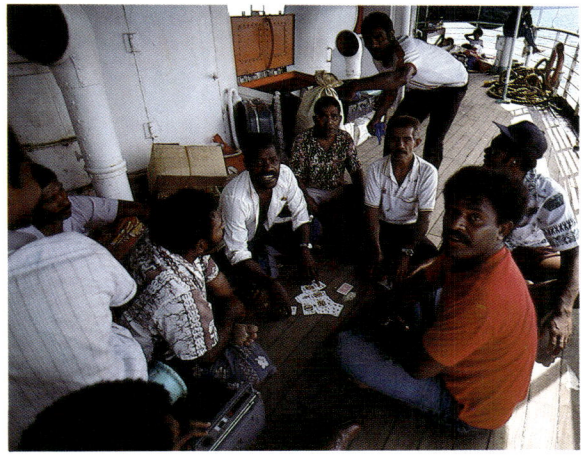

Totenschädel und gießen Kava hinein und sprechen zu dem Schädel; durch diesen Schädel sprechen sie mit dem Teufel. Sie sagen ihm, er solle den Mann verfluchen. Und nach einer Weile wird der Teufel lebendig, geht herum und sucht nach dem Mann. Deshalb hatte mein Vater Krebs.«

»Das ist ja fürchterlich,« antwortete ich. »Glaubt deine Mutter auch, daß dein Vater so gestorben ist? Wie viele Dorfbewohner tun so etwas?«

»Ja, wir glauben daran. Eine Gruppe von Leuten tut so etwas — vielleicht vier oder fünf. Das sind Leute, die nicht lesen können, weißt du, die können nichts mit ihren Häusern anfangen und sind neidisch auf andere. In unserem Dorf gibt es immer böse Menschen, die neidisch auf uns sind.«

»Und was geschieht mit diesen Leuten, die deinem Vater das antaten, Estuva?«

Estuva zuckt mit den Achseln. »Vielleicht werden sie von Gott bestraft. Vielleicht erwischt sie aber auch ein anderer und verflucht sie.«

Der arme Estuva will nicht mehr mit mir reden. Er schlendert zum Bug und läßt sich dort allein nieder. Er will nicht auf dem Schiff bleiben, aber nach Hause in sein Dorf will er auch nicht.

Die *Belama* nimmt jetzt Kurs auf die große Levuka-Bucht. Die Wellen brechen um uns herum, als wir

durch eine schmale Riffpassage fahren und im ruhigen Wasser Anker werfen. In der Bucht liegen drei Dörfer. Eines davon, Levuka, ist Jess' Heimat. Judy und ich begleiten Jess und die Kavatrinker im Arbeitsboot zu ihrem Dorf. Kinder warten im flachen Wasser, um uns zu begrüßen, und als sie Judy mit ihrer Kamera sehen, werden sie verrückt vor Begeisterung. Frauen aus dem Westen verirren sich nur selten hierher — ganz besonders keine mit Kameras. Wir werden wie königliche Hoheiten behandelt. Alle Alten kommen herbei, um uns zu begrüßen. Jess führt uns stolz durch sein Dorf und stellt uns seiner Familie und seinen Freunden vor.

Levuka ist ein armes Dorf mit kleinen Betonsteinhäusern oder Strohhütten, die sich über einen Hügel verteilen. Schweine und Ziegen sind in Käfige eingesperrt oder willkürlich irgendwo angepflockt. Hühner picken im hohen Gras. Am Wasser steht eine Kalksandsteinkirche. In einer Stadt wäre sie ein sehr bescheidenes Bauwerk, doch hier sieht sie beeindruckend aus. Man führt uns zum Versammlungshaus, einem hübschen, im traditionellen Stil strohgedeckten Gebäude, das von den Dorfbewohnern gebaut wurde und der Stolz der Gemeinde ist. Hier treffen wir auf eine ältere weißhaarige Dame; sie ist

Als sich das Arbeitsboot einem abgelegenen Dorf auf Kadavu nähert, schwimmen ihm die Kinder zur Begrüßung entgegen.

der Häuptling des Dorfes. Alle sind freundlich, und wir erhalten Einladungen zum Tee in mehreren Häusern. Jess fragt, ob wir vielleicht gern die Nacht in Levuka verbringen würden. Traurig antworten wir, daß wir auf dem Schiff bleiben müssen, das sich jetzt auf die Rückkehr nach Suva vorbereitet. Alle Dorfbewohner winken uns zum Abschied nach. Ein paar Anlegestellen weiter liegt das Dorf, in dem Estuva wohnt. Ich gehe zum Arbeitsboot hinunter, um mich von ihm zu verabschieden, aber er taucht nicht auf. Auf halber Strecke nach Suva sehe ich ihn allein vor der Luke sitzen. Estuva will nicht mehr reden. Ich setze mich eine Weile zu ihm. Als die *Belama* spät am Abend in Suva eintrifft, will ich mich wieder von ihm verabschieden und ihm etwas Mut zusprechen. Er ist jedoch nirgends zu sehen.

Auf dem Riff

Ein winziges Lebewesen hat im Pazifik und im Südindischen Ozean schon mehr Schiffe und Boote versenkt als alle Taifune, Wasserhosen und Stürme zusammen. Diese kleine Kreatur, der Korallenpolyp, hat einen hohlen, zylindrischen Körper. Am einen Ende ist der Körper mit anderen Polypen verbunden; das andere Ende ist eine Art Mund, der von Tentakeln umgeben ist, die mit stechenden Zellen bewaffnet sind, um die winzigen Organismen zu fangen, von denen sich das Lebewesen ernährt. Der Polyp scheidet eine harte kalkartige Substanz ab, die zu seinem Zuhause wird. Dieses »Knochengerüst« ist die bekannte Koralle. Die Polypen gedeihen in warmem, flachem Salzwasser, in dem sie riesige Kolonien bilden, die sich teilweise in Form von Riffen über Hunderte von Meilen an einer Küste entlang erstrecken oder auch als Einzelgebilde große Flachwasserteile punktförmig überziehen. Korallenriffe haben

Die Bark *Yankee* der *National Geographic* hat ihre letzte Ruhestätte auf dem Riff vor Rarotonga gefunden, wo sie in einem Sturm verlorenging.

Links: **Die *Belama* nimmt die kleine Einfahrt zu einer Bucht im Nordwesten Kadavus. Schon der kleinste Fehler am Steuer kann zur Zerstörung führen, und doch macht sie diese Fahrt mindestens zweimal im Monat.**

einen Durchmesser von zwanzig Metern bis zu mehreren Meilen und je nach Korallenart verschiedene Formen. Sie können Büschen, Blumen, Pilzen, Trichtern oder Gehirnen ähneln. Anhäufungen von abgestorbenen oder von den Wellen abgerissenen Polypen bilden kleine Inseln, die man als Atolle bezeichnet. Diese Atolle sind in der Regel weniger als vierhundert Meter breit und umschließen oft große Salzwasserlagunen.

Letztendlich sind zwar die Riffe für den Schiffbruch verantwortlich, doch tragen Stürme oder Navigationsfehler oft dazu bei. So manches Unglück geschieht nachts, wenn das einzige Warnzeichen in einer unerwarteten Brandung besteht, wo keine Brandung sein sollte. Wenn der Seemann das Brechen der Wellen hört, ist es in der Regel zu spät, den Kurs zu ändern. Plötzlich wird das Schiff oder Boot wild hin und her geworfen, wenn

es auf die kleinen Polypen trifft. Bei rauher See landet es dann meist auf der Seite. Ein kreischendes Geräusch zeigt an, daß der Schiffsboden aufgerissen wird; anschließend schießt das Wasser wie aus einem Hydranten durch das Loch. Das Ende ist dann nicht mehr weit.

In einer Gegend mit starkem Schiffsverkehr, wie er um die Fidschi-Inseln herrscht, wirft ein schwerer Sturm in einem oder zwei Tagen oft ein Dutzend oder mehr Schiffe auf die Riffe. Das bedeutet, daß sich im Pazifischen Ozean im Jahr durchschnittlich mehr als hundert Schiffseigner damit abfinden müssen, ihren Stolz, ihre Freude und ihren Lebensunterhalt an die Korallenriffe zu verlieren. Die zahllosen Wracks auf den Riffen im Pazifik geben stummes Zeugnis dafür, daß viele Schiffe, die auf ein Riff laufen, nie wieder fahren werden.

Oben: **Diese Ketsch eines Amerikaners ging durch einen Navigationsfehler bei Nacht auf einem Riff vor Aitutaki verloren. Die Passagiere konnten glücklicherweise an Land waten.**

Unten: **Die *Mataora* fährt durch die schmale Einfahrt, die in das Riff vor dem briefmarkengroßen Hafen Rarotongas gesprengt wurde.**

KAPITEL 7

Peter P

Landungsboot vor Gallipoli

Wenn sie reden könnten, hätten die *Peter P* und ihre Schwesterschiffe ein paar aufregende Geschichten zu erzählen. Obwohl sie erst in den Jahren 1915 und 1916 gebaut wurden, beginnt ihre Geschichte bereits 1914 an der Westfront und im Osten. Das Blutbad in den Gräben hatte mit Hunderttausenden von Toten auf beiden Seiten derartige Ausmaße angenommen, daß diese militärische Katastrophe bald als »Krieg zur Beendigung aller Kriege« bezeichnet werden sollte. Großbritannien, Frankreich und Rußland befanden sich in einer verzweifelten Lage. Wie sollten sie es anstellen, die Macht des Kaisers zu teilen und die Türkei, den neuesten Verbündeten Deutschlands, davon abzuhalten, Truppen in die Kämpfe im Norden zu werfen? Die Lösung lag offensichtlich darin, die Türkei und den Rest ihres Herrschaftsbereichs direkt anzugreifen. Dazu waren aber nicht nur Bodentruppen, sondern auch Seestreitkräfte erforderlich.

In einer seiner ersten Handlungen als Erster Lord der Admiralität überredete Winston Churchill den legendären Admiral Fisher, den ehemaligen Ersten Seelord und Vater der modernen britischen Kriegs--flotte, zur Rückkehr in den Dienst als sein Assistent. Fisher war ein weitsichtiger und phantasiereicher Kopf. Er erkannte, daß die britische Marine, so mächtig sie auch auf hoher See war, nahezu keine Möglichkeiten für amphibische Operationen hatte. Besonders im Mittelmeer würden die Briten in der Lage sein müssen, starke Truppen mitsamt Nachschub unter gegnerischem Feuer anzulanden. Zur damaligen Zeit gab es keine flachgehenden Schiffe zur Küstenbombardierung und nur umgebaute Fischer- und Walboote zur Anlandung von Truppen und Gerät.

Um den Bedarf an Feuernahunterstützung zu decken, griff Admiral Fisher auf die amerikanischen Monitore, schwer gepanzerte, flachgehende Kriegsschiffe, zurück.

Die Monitore, die er entwerfen ließ, waren schwerfällige Flachbodenschiffe mit 6000 Tonnen, die mit amerikanischen 14"-Geschützen ausgestattet waren. Dann ersann Fisher die sogenannten »schwarzen Käfer«, die ersten modernen Landungsboote. Zweihundertundfünfzig gab es von diesen schwarz gestrichenen Schiffen der X-Klasse. X-1 bis X-200, 1915

Linke Seite: Auf dem Weg die Themse hinauf ist die *Peter P* gerade unter der Tower Bridge durchgefahren.

Die *Peter P* nähert sich zwei Fluttoren, die Hochwasser in der Themse verhindern sollen.

Derek, der junge Maat der *Peter P*, kann sich im Steuerhaus etwas entspannen, während das Schiff flußabwärts
fährt.

Brian Whiting, Kapitän der *Peter P*, gießt sich ein Täßchen
Tee ein.

gebaut, maßen 32 x 6,5 x 0,3 Meter und wurden (überwiegend) von Dieselmotoren mit 60 PS angetrieben. X-201 bis X-225, ebenfalls mit Antrieb, entstanden im Jahre 1916 und waren 28 Meter lang. Dazu kamen noch fünfundzwanzig Attrappen ohne Antrieb (DX-1 bis DX-25). Bei all diesen Leichtern, wie sie in England genannt werden, stieg der Stahlrumpf vorn im Winkel von 45° an, damit sie anlanden konnten. Sie hatten absenkbare Bugrampen und waren zum Schutz vor Maschinengewehrfeuer und Schrapnellen gepanzert. Die größeren Käfer konnten fünfhundert Soldaten oder vierzig Pferde transportieren.

Im April 1915 begann an der Südspitze der Halbinsel Gallipoli, 160 Meilen südwestlich von Konstantinopel, die erste moderne amphibische Landung. Sie war für die damalige Zeit ein gigantisches Unternehmen. Fast 75 000 Mann (30 000 Australier und Neuseeländer, 17 000 Briten und 16 000 Franzosen; dazu 10 000 Mann britische Marine), 1600 Pferde, Esel und Maultiere, 300 Fahrzeuge und Nachschub an Lebensmittel und Munition sowie Wasser und sogar Heu wurden angelandet und sahen sich wütendem Maschinengewehr- und Artilleriefeuer der Türken gegenüber. Mehr als siebzig schwarze Käfer waren dabei. Weil sie gepanzert waren und Tiere, Großgerät und kleine Artilleriegeschütze anlanden konnten, erlebten sie die meisten Kämpfe. Viele dieser Käfer hätte man wahrscheinlich besser als »sitzende Ente« bezeichnet, denn die türkischen Truppen auf den Klippen am Ufer mähten die alliierten Soldaten nieder, noch bevor die Bugrampen der Landungsboote niedergelassen werden konnten.

Mit dem Angriff auf die Türkei sollte eine Südfront eröffnet werden, die sich mit den Russen im Norden vereinigen und die Mittelmächte zwischen der Türkei und den Gräben an der Westfront in die Zange nehmen sollte. Das geschah natürlich nicht. Die Alliierten konnten nur ein paar Meilen weit vorrücken. In den ersten vier Monaten der Invasion gab es auf beiden Seiten jeweils etwa 57 000 Ausfälle. Die X-

Boote wurden mehr und mehr dafür eingesetzt, die Toten und Verwundeten zu den Schiffen zu schaffen. Am Schluß evakuierten sie die verbliebenen Truppen von Gallipoli.

Auf Gallipoli erwiesen sich die Boote der X-Klasse als wichtig in einer verlorenen Sache, tausend Meilen weiter südlich spielten sie eine bedeutende Rolle für den Sieg. Die Türkei beherrschte nach wie vor Palästina und einen wesentlichen Teil der arabischen Halbinsel. Die Engländer hofften, daß eine arabische Rebellion gegen die Türken ihnen dabei helfen würde, die Türkei zu schlagen, während der Großteil der englischen Truppen in Europa blieb. Oberstleutnant T. E. Lawrence, von seinen arabischen Freischärlern »Aurans« genannt, ansonsten aber besser als »Lawrence von Arabien« bekannt, schaffte es, die Araber gegen ihre türkischen Besetzer zu vereinigen, die die wichtigen Häfen am Roten Meer und im heutigen Israel, Jordanien und Syrien hielten.

Lawrence und die arabische Legion waren bei ihren mit Kamelen vorgetragenen Angriffen auf die türkische Eisenbahn und die Festungen Wajh und Akaba völlig davon abhängig, daß sie per Schiff Munition, Maschinengewehre und andere Versorgungsgüter erhielten. Wenn diese Häfen erst einmal eingenommen waren, mußten sie gegen Gegenangriffe verteidigt werden, und auch dabei spielte die britische Marine eine wichtige Rolle. Es gibt nur wenige Unterlagen darüber, wo die X-Leichter genau eingesetzt waren und was sie transportierten, aber sie operierten im gesamten Roten Meer und zwischen Alexandria und Haifa am Mittelmeer. Wahrscheinlich landeten sie einige der Rolls-Royce-Panzerwagen an, die neben den Kamelen der ganze Stolz der arabischen Legion waren. Die X-Leichter, revolutionär für ihre Zeit und seitdem längst vergessen, spielten im Krieg im Mittelmeer eine wichtige Rolle. Nach dem Krieg wurden sie an Privatfirmen verkauft, um zwanzig Jahre später wieder zu den Fahnen gerufen zu werden.

Die Anfänge der Firma J. J. Prior Transport Limited

J. J. Prior, Gründer der J. J. Prior Transport Limited, war ein Selfmade-Mann, der seine Karriere als Jungknecht auf einem Bauernhof begann. In späteren Jahren zu Reichtum gekommen, posiert er hier mit seinem Spaniel vor der Vogeljagd.

liegen im Jahre 1870, als John James Prior, der für sechs Pence in der Woche die Ernte eines Bauern aus Essex nach London fuhr, es irgendwie schaffte, ein eigenes Pferd mit Wagen zu kaufen. Auf einer seiner Fahrten lernte er Maisie kennen, die einen Gemüseladen besaß. Sobald er und Maisie verheiratet waren, machte J. J. sein eigenes Transportunternehmen im Londoner East End auf. Er war Mitglied der »Worshipful Company of Carmen«, einer Vereinigung mit wundervoll klingendem Namen, deren Mitglieder ihre Pferde und Wagen auf den Straßen in der Innenstadt von London abstellen durften. Das

Geschäft gedieh so gut, daß J. J. sogar den Hof, auf dem er als Junge gearbeitet hatte, mitsamt seinen zweihundert Pferden kaufen konnte.

Vier Generationen Priors führten das Transportunternehmen weiter. Zunächst transportierte man mit Themse-Leichtern — Segelschuten — alle Arten von Gütern nicht nur auf der Themse, sondern auch an der Küste. Später stieg Prior Transport in das Sand- und Kiesgeschäft ein und transportierte dieses Material von dem Steinbruch in Colchester an der Colme die Themse hinauf nach London. Das ist auch heute noch das Hauptgeschäft der Firma. Das Unternehmen wird gegenwärtig von zwei Brüdern, Colin und Peter, und ihren beiden Söhnen Stephen und Mark geführt. Es betreibt immer noch drei von den alten X-Leichtern und hat im Verlauf der Jahre insgesamt elf dieser Schiffe besessen.

Die *Peter P*, die ehemalige X-57, ist möglicherweise vor Gallipoli gewesen, das steht aber nicht fest. Ursprünglich wurde sie wohl von einem Zweizylinder-Zweitaktmotor der schwedischen Firma Scandia mit 130 PS angetrieben. Nach dem 1. Weltkrieg fuhr sie für verschiedene britische Firmen, bis die Admiralität sie und drei andere X-Leichter, die im Besitz von Prior waren, zu Beginn des 2. Weltkriegs einzog. Im Mai 1940 schlossen die deutschen Panzerdivisionen 350 000 britische und französische Soldaten bei Dünkirchen ein und setzten damit die größte Evakuierungsaktion in der Geschichte der Marine in Gang. Die britische Regierung requirierte alles, was schwimmen konnte, um die eingeschlossenen Truppen über den Ärmelkanal nach England zu holen. Wieder bewiesen die X-Leichter ihren Wert, und weil sie direkt an die Küste heranfahren konnten, brach-

Oben: **Ein X-Leichter an einem der öden Landungsabschnitte auf Gallipoli. Diese Leichter hatten außer ihren Maschinen nur wenig an Deck. Zusammen mit Fischerbooten landeten sie fast den gesamten Nachschub für über 50 000 Mann an.**

Unten: **Dieser X-Leichter hat Flugzeugteile von der britischen Flotte vor Gallipoli abgeholt.**

Links: **Oberstleutnant T. E. Lawrence wurde zu einer lebenden Legende und begeisterte die Massen im Westen. Lawrence und die Arabische Legion wurden von der *Peter P* oder ihren Schwesterschiffen versorgt.**

ten sie viele Verwundete in Sicherheit. Die *T. I. C.*, ein Lazarettleichter, der der Firma Prior gehörte, wurde vor Dünkirchen versenkt. Ein weiterer Prior-Leichter, die *A. H. P.*, damals unter dem Namen *Sherfield*, war ebenfalls vor Dünkirchen untergegangen. In einem Brief vom 1. Juni 1940 schrieb der Kapitän an die Familie Prior: »Ich fuhr von Sheerness nach Dünkirchen, um Truppen abzuholen. Bei der Ankunft in Dünkirchen wurden wir von deutschen Flugzeugen mit Bomben und Maschinengewehren angegriffen; das Boot wurde ziemlich mitgenommen. Unsere rote Flagge wurde zerfetzt, die Fenster im Steuerhaus und das Oberlicht sind zerschossen. Sechs Decken gingen verloren. Gezeichnet Unterschrift.«

Nach Dünkirchen dienten die Prior-X-Leichter verschiedenen Zwecken. Die *X-57 (Peter P)* wurde als Wasserschiff eingesetzt, das Teile der vor der schottischen Küste ankernden Flotte versorgte. Die *Shawford* diente als Ankerschiff für Fesselballons auf der Themse. Die Ballons sorgten daür, daß deutsche Bomber nicht im Tiefflug den Fluß hinauf bis nach London fliegen konnten, und die *Shawford* wurde von den deutschen Flugzeugen versenkt, gegen die sie das Land verteidigen sollte.

Außer der *Peter P* besitzt die Familie Prior gegenwärtig noch die Sidney P und die *Colin P*, zwei der fünf oder sechs großen X-Leichter, die es noch gibt. Alle drei Schiffe sind im Verlauf der Jahre weitgehend umgerüstet worden. Sie erhielten ein Deck, damit das Wasser nicht in die Laderäume spritzen

kann; dazu kamen Steuerhäuser und Unterkünfte für jeweils drei Mann und natürlich neue Dieselmotoren. Aber es sind noch die gleichen Schiffe, die dem Land in zwei Kriegen treue Dienste leisteten, und sie pflügen immer noch den Fluß hinauf und hinunter. Wenn Sie in London an der Themse spazieren gehen, begegnen Sie vielleicht einem von ihnen. Winken Sie ihm zu.

Prior Transport Limited ging mit der Zeit. Dieses Bild zeigt die ersten motorisierten Lastkraftwagen der Firma. Sie wurden von der Firma Thornycroft 1913 oder 1914 gebaut. Man beachte die Vollgummireifen.

KAPITEL 8

He Ping 23

Auf Trampfahrt in China

Shanghai ist das chinesische New York. Die Stadt ist eines der größten Ballungszentren des Landes, sein wichtigstes Handelszentrum und sein größter Hafen. An der Mündung des Yangtze, des drittlängsten Flusses der Erde, gelegen, ist Shanghai das Herz, das den Handel mit Zentralchina am Leben erhält. Mit seinen breiten Straßen und monumentalen Behörden-, Büro- und Hotelbauten, die von den europäischen Mächten vor dem 2. Weltkrieg errichtet wurden, ist Shanghai weiterhin eine der beeindruckendsten Städte in China. Der Ansturm seiner zehn Millionen Einwohner ist für westliche Begriffe absolut überwältigend. Zu versuchen, den Menschenmassen in der Stadt zu entgehen, ist etwa so, als wolle man sich bei heftigem Regen zwischen den Tropfen durchschlängeln. Aber die Chinesen sind freundlich, höflich und sehr neugierig in bezug auf Europäer und Amerikaner. Wenn ein Weißer auf einer Straße in Shanghai stehenbleibt, sammelt sich oft eine große Menge um ihn, die das fremdländische Spektakel anstaunt und den Kindern erläutert, immer mit warmem Humor.

Linke Seite: **Die He Ping liegt zwischen einem Passagierschiff und einem Küstenfrachter; alle drei werden auf der Werft in Shanghai instandgesetzt.**

Von der »Bund« aus, Shanghais Hauptverkehrsstraße, die durch die Stadtmitte führt, war die *He Ping 23* in der Werft am Huang Pu zu sehen. Zur Überholung der Maschine und allgemeinen Instandsetzung lag sie längsseits an einem modernen Küstenpassagierschiff. Die Ladebäume und Anker der *He Ping* waren entfernt worden, und ihre Decks waren mit rostenden Winden, Ankerketten und anderem Gerät, das ersetzt oder wieder hergestellt wurde, übersät. Ihre Dreifach-Expansionsdampfmaschine war demontiert; sie war das typische Beispiel für den heruntergekommenen Zustand, in dem sich jedes Schiff befindet, das in der Werft repariert werden muß. Die *He Ping 23* oder »Frieden 23« gehört zu einer Gruppe von sieben kohlebefeuerten Schiffen, die in den Jahren 1955 bis 1957 in Polen für die Chinesen gebaut wurden. Sie war bereits auf Ölfeuerung umgestellt worden und unterzog sich jetzt der letzten Überholung.

Kapitän Zhou war an Bord und überwachte die Arbeiten. In seinem blauen Arbeitsanzug und mit seiner jungenhaften Mähne sah er eher wie ein junger Werftarbeiter als wie ein erfahrener Kapitän aus. Zhou wuchs in einer Stadt im hohen Norden Chinas auf. 1949 erlebte er als Junge in der Mittelschule die Kapitulation der Streitkräfte Tschiangkaisheks vor

Zhou Zuang Zhang, Kapitän der He Ping, der die Instandsetzung seines Schiffes überwacht, macht eine Teepause.

Fähren transportieren Passagiere und Güter durch die malerischen Schluchten des Yangtze.

In China ist noch eine Reihe von dampfgetriebenen Fahrzeugen in Betrieb. Diese Frachter liegen im Hafen von Shanghai.

der Volksbefreiungsarmee. Zwei seiner Onkel waren Seeleute, und ihre Geschichten veranlaßten ihn, sich einen Job als Matrose zu suchen. Mit vierzehn ging er auf ein ehemaliges Liberty-Schiff, das von der »China Merchants S. S. Co.« gekauft und dann von der neuen Regierung konfisziert worden war. Zhou besuchte das chinesische Marineinstitut für die Offiziersausbildung, diente nach Abschluß der Ausbildung das übliche Probejahr als Matrose und wurde anschließend Offizier. Er hat viele Gegenden der Erde befahren; seit er allerdings Kapitän der *He Ping* ist, führen ihn die meisten Fahrten mit Getreide und Konserven nach Japan und von dort aus mit Chemikalien und Maschinen zurück nach China.

Die *He Ping* ist zwar wahrscheinlich nicht ihr beliebtestes Kommando, doch Kapitän Zhou und seine Besatzung sind froh darüber, daß die im allgemeinen kurzen Reisen es ihnen gestatten, mehr Zeit mit der Familie zu verbringen.

Die *He Ping* wird vom Büro für Küstenschiffahrt betrieben, einer der drei staatlichen Firmen, die den Großteil der Schiffahrt in China kontrollieren. Auf dem zwanzig Meilen langen Abschnitt des Huang Pu, der den Hafen von Shanghai bildet, liegen viele andere Schiffe des Büros vor Anker und warten auf Liegeplätze. Unglücklicherweise gibt es einfach nicht

genügend Dockanlagen für die riesigen Mengen von Frachtern, die darauf warten, be- oder entladen zu werden. Nach einer Schätzung des Büros für Küstenschiffahrt könnte China morgen seine Hafenanlagen verdoppeln und hätte immer noch nicht genügend, um mit dem gegenwärtigen Handelsvolumen zu Wasser fertig zu werden. Das Büro mit seinen über fünfhundert Schiffen ist zuständig für den Seetransport von Gütern und Personen zwischen allen größeren Häfen an der 8700 Meilen langen Küste. Die größeren, modernen Schiffe der »China Ocean Shipping Company« (COSCO), der internationalen chinesischen Schiffahrtslinie, liegen im Hafen von Shanghai neben den Schiffen des Küstenschiffahrtsbüros. Die COSCO betreibt 530 Frachter mit einer Gesamtnutzlast von mehr als 10 Millionen Tonnen, die jeden Hafen der Welt anlaufen.

Da das chinesische Straßensystem so unterentwickelt und die Eisenbahnen so überlastet sind, kommt dem Transport auf dem Wasserweg größere Bedeutung als in jeden anderem größeren Land zu. Über 44% des Güterverkehrs werden in China mittels Schiff oder Leichter abgewickelt; dazu kommen 49% auf der Schiene, nur 3% auf der Straße, 4% mittels Pipelines und 0,1% im Luftverkehr (Stand 1982). Es gibt im Schiffsverkehr zwar Liniendienste, doch der

Großteil der Ladungen wird im Trampverkehr transportiert; die Schiffe werden dabei nach Bedarf eingesetzt, um die Güter der Nation zu transportieren.

Die Flüsse sind ein unersetzlicher Teil des chinesischen Transportsystems, und der mächtige Yangtze ist der größte unter ihnen. Aus dem Tanggula-Gebirge in Tibet erstreckt er sich über fast 4000 Meilen bis zu seiner Mündung bei Shanghai. Der Oberlauf des Yangtze ist für Sampans passierbar, und die müssen stromaufwärts an langen Treidelleinen vom Ufer aus geschleppt werden. Weiter flußabwärts sind Schlepper und Leichter die Hauptverkehrsmittel, wobei allerdings große Passagierschiffe bis nach Chongqing, 1500 Meilen von Shanghai entfernt, fahren.

Chongqing ist eine Industriestadt mit 6 Millionen Einwohnern. Sie liegt an den Flanken eines Berges, und der Yangtze, der durch das Zentrum fließt, steigt und fällt zwischen der trockenen und der nassen Jahreszeit durchschnittlich um 30 Meter. Aus diesem Grund gibt es keine festen Dockanlagen; alles muß mit dem Fluß steigen und fallen. Dieser ungeheuer schwankende Pegelstand verursacht unvorstellbare Probleme. Die Fracht wird mit Hilfe von Straßenbahnen geladen und gelöscht, und in Chongqing

Straßenbahnen bringen die Passagiere zu den Fähren dreißig Meter unterhalb der Stadt Chongqing.

und allen nahegelegenen Städten und großen Dörfern wurden riesige Treppen in die Flußufer geschlagen. Weiter im Osten rauscht der Yangtze durch eine Reihe spektakulärer Schluchten. Auf 120 Meilen erstreckt sich eine der unglaublichsten Landschaften der Welt; direkt aus dem Fluß steigen Berghänge Hunderte von Metern senkrecht empor. In der Regensaison erreicht die Strömung hier Geschwindigkeiten von 25 bis 30 km pro Stunde; dann wird der gesamte Schiffsverkehr eingestellt, bis der Fluß wieder fällt. Zu jeder Jahreszeit müssen die Führer der Schleppverbände und Passagierschiffe alles tun, was sie können, um die Kontrolle über ihre Schiffe zu behalten und Kollisionen zu vermeiden. Größere Trampschiffe von bis zu 10 000 Tonnen fah-

Links: Der Suzhou, der in den Hafen von Shanghai mündet, ist eine wichtige Binnenwasserstraße für den Transport von Gütern mittels Schlepper und Leichter. Hier zieht ein Schlepper ein Floß aus Baumstämmen.

Ein mit Muskelkraft betriebener Sampan auf dem Oberlauf des Yangtze.

ren ab Wuhan, 675 Meilen von Shanghai entfernt. Auf diesem Abschnitt wurde der Fluß durch Stauwerke gezähmt und verläuft durch fruchtbares Ackerland. Im Vergleich zu dem rasenden Strom im Westen ist der Yangtze hier nicht mehr wiederzuerkennen. Der größte Teil des Verkehrs wird mit Leichtern des Binnenschiffahrtsbüros abgewickelt, das über 50 Millionen Tonnen Fracht im Jahr transportiert.

Dampf spielt eine bedeutende Rolle im chinesischen Schienen- und Schiffsverkehr. Wegen der riesigen Kohlevorräte beschloß die Zentralregierung in den fünfziger Jahren, auf Antrieb mit Kohlenfeuerung zu setzen. Überall im Land sind noch Dampflokomotiven zu sehen. In Betrieb ist auch noch eine

beträchtliche Anzahl von Dampfschiffen, die allerdings schnell ausgemustert werden. Nach der Revolution im Jahre 1949 kaufte oder konfiszierte die neue Regierung viele alte Liberty- und Victory-Schiffe und gab Frachter zwischen 2500 Tonnen für die Küstenschiffahrt und 10000 Tonnen für den Hochseeverkehr in Auftrag. Letztere, fast alle mit Dreifach-Expansionsmaschinen, wurden in der Sowjetunion, in der DDR und in Polen gekauft. Von den größeren Frachtern sind nur noch sieben oder acht in Dienst, als Trampschiffe für das Büro für Küstenschiffahrt. Eine unbekannte Anzahl von Küstendampfern (wahrscheinlich zehn oder zwanzig) fährt noch unter der Regie von Provinzverwaltungen oder Kommunen in Ostchina und transportiert

bestimmte Güter oder landwirtschaftliche Erzeugnisse. Fast alle kohlebefeuerten Schiffe sind vor einiger Zeit auf Öl umgestellt worden, und wie die *He Ping 23*, die in zwei oder drei Jahren aus dem Verkehr gezogen wird, werden auch die restlichen Dampfer bald nur noch Geschichte sein.

KAPITEL 9

Buga

Der älteste Gigant

An der Nordspitze von Cres holpert ein grünbeiger jugoslawischer Bus von der kleinen Fähre und wird sofort von einer Reihe steiler Serpentinen begrüßt. Mit einer Reihe von Personenwagen im Schlepptau windet er sich den Berg hinauf und erreicht schließlich den Kamm, der sich längs über die Insel erstreckt. Auf beiden Seiten fällt der Berg steil in die blaue Adria ab. Der Ausblick ist überwältigend. Man muß an eine Inselfestung denken, die eine Armee von Sarazenen abweisen könnte und das vielleicht auch getan hat.

Cres und Losinj liegen an der Spitze einer Kette von Inseln, die von der jugoslawischen Küste abgebrochen zu sein scheinen. Die meiste Zeit des Jahres sind diese beiden äußeren Inseln der Kette, die etwa 40 Meilen südöstlich von Triest und der italienischen Grenze liegen, bei Touristen und Jugoslawen vom Festland gleichermaßen in Vergessenheit geraten.

Der Bus rattert die einzige Straße der Insel hinunter und passiert gelegentlich einen Bauernhof mit ein paar Schafen oder einen kleinen Olivenhain. Überall ist der Boden so mager und felsig, daß er denen, die

davon leben müssen, nur ein Minimum bietet. Die Berghänge sind dort, wo sie sich bearbeiten lassen, durch Mauern aus Felsbrocken aufgeteilt, die jahrhundertealt zu sein scheinen. Auch die Bauernhäuser sind aus Felsbrocken errichtet, und die wenigen Schafe suchen sich Nahrung zwischen nicht endenwollenden Felsbrocken, die noch nicht aufgehäuft sind.

Mit quietschenden Bremsen kommt der Bus zum Stehen, damit ein anderer Bus auf dem Weg zur Fähre passieren kann. Die Straße ist sehr schmal. Glücklicherweise ist nur wenig Verkehr. Gelegentlich steht ein Mann oder eine Frau ruhig am Straßenrand — mitten im Nichts. Der Bus hält, und der einsame Fußgänger ändert sich wie ein Chamäleon, wenn er eingestiegen ist. Alle Mitfahrer werden mit breitem Lächeln begrüßt, dann maschinengewehrähnliches Geschnatter, während sich der neue Passagier über den neuesten Tratsch auf der Insel informiert. Die wenigen täglichen Busse dienen nicht nur als Transportmittel, sonder fungieren als Kommunikationszentren für die Bewohner der über die sechzig Meilen der beiden Inseln verstreuten Gemeinden und Bauernhäuser.

Eine halbe Stunde später nimmt der Bus die letzte Kurve vor Cres, einem malerischen, ganz aus Stein

Linke Seite und rechts: Die *Buga* wird auf der firmeneigenen Werft auf der jugoslawischen Insel Losinj instandgesetzt.

Die Brückennocks und die Ladebäume der *Buga* zeugen von der Stabilität des Schiffes, das seit mehr als fünfundfünfzig Jahren ununterbrochen im Einsatz ist. In einer Zeit, in der neue Schiffe gebaut werden, um in fünfzehn oder zwanzig Jahren abgeschrieben zu werden, ist das etwas ganz Ungewöhnliches.

erbauten Dorf am Wasser. Die alten Fischer sitzen in der Nachmittagssonne und beobachten amüsiert, wie ein paar Fahrgäste aussteigen und ein paar mehr wieder einsteigen, um nach Süden zu fahren. Eine ältere Frau mit Koffer sucht nach einem der beiden kleinen Hotels, die wie alte Häuser aussehen und in einem größeren Ort als Cres unmöglich zu finden wären. Ohne Vorwarnung schließt der Fahrer die Bustüren und beginnt zu rangieren, um sein Fahrzeug auf dem briefmarkengroßen Platz zu wenden. Fehler darf er nicht machen; ein Versagen der Bremsen, und Bus und Passagiere liegen im Wasser.

Weiter südlich liegt ein kurzer Dammweg, der die kleinere Insel Losinj mit ihrem nördlichen Nachbarn verbindet. Losinj ist schmal, an der breitesten Stelle nur wenig mehr als paar Meilen breit. Es ist ein kleiner Garten mit Pinien- und Zypressenhainen, sogar ein paar großen Palmen und üppiger Vegetation, die so weit nördlich in der Adria deplaciert wirkt. Der Bus kommt schließlich auf der Kopfsteinpromenade seiner Endhaltestelle in Mali Losinj an einer friedlichen Bucht zum Stehen. Ausgerechnet hier, in Mali Losinj, befindet sich der Sitz der Losinjska Plovidba, der viertgrößten Schiffahrtsgesellschaft Jugoslawiens. Aber der Besucher sieht davon fast nichts.

Die Losinjska Plovidba hat zweiunddreißig Schiffe. Darunter befinden sich ein paar der modernsten RoRo-Schiffe der Welt. Ein RoRo ist ein Schiff mit Rampen, über die Ladung mit Fahrzeugen auf das und vom Schiff gefahren werden kann. Die Losinjska Plovidba betreibt einen Linienfrachtdienst von

Italien und Jugoslawien zu nordafrikanischen Häfen mit schlechten Umschlaganlagen. Die RoRo-Schiffe transportieren Container und Mischladungen auf Anhängern sowie sonstige Fahrzeuge. Neben diesen neueren Schiffen betreibt die Gesellschaft eine Flotte herkömmlicher Frachter teilweise im Liniendienst und teilweise als Tramps. Dazu kommt eine Fremdenverkehrsabteilung mit zwei Touristendörfern,

einem Yachthafen für 250 Schiffe und einem Reisebüro. Dann gibt es noch eine Werft, in deren Trokkendock für 6000 Tonnen die meisten Fracht- und Passagierschiffe mit Standardabmessungen repariert werden können.

Julijano Sokolic sieht aus, als könne er ein ziemlich zäher Kunde sein. Er war noch ein Junge, als seine Landsleute im 2. Weltkrieg gegen die Italiener

kämpften. Das Leiden ist wie ein Geist, mit dem er fertig werden muß. Man sieht es an seinen Augen. Sokolic, kräftig, aber drahtig gebaut, ist jetzt Ende vierzig. Er ist Direktor der Werft, die sich am Dorfrand befindet, und sitzt im Aufsichtsrat der Stammfirma.

Die Losinjska Plovidba begann nach dem Kriege mit nahezu nichts. Sokolic, der von Anfang an dabei

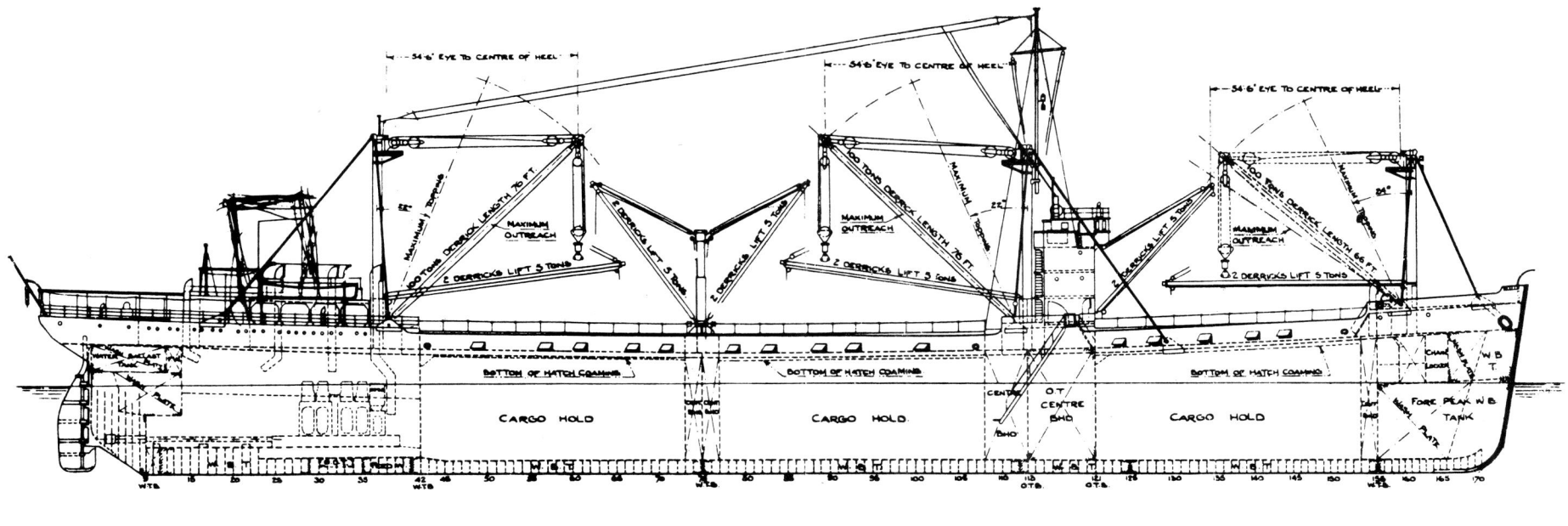

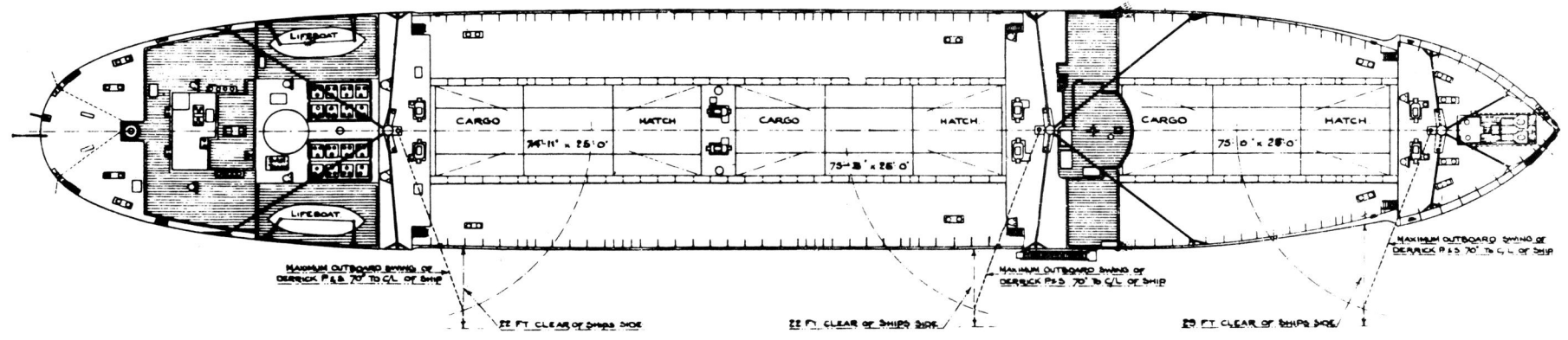

Dieser kleine Frachtensegler, eines der ersten Fahrzeuge der Firma, wurde von einer örtlichen Werft aus Holz gebaut und transportierte Güter und Waren zwischen der Insel und dem Festland. Er wurde vor langer Zeit verschrottet.

war, sagt: »In der Nachkriegszeit bekam unsere Schiffahrtsgesellschaft in der Planwirtschaft keinerlei Schiffe, so daß wir mit ein paar Holzbooten und anderen, die gesunken waren und die wir selbst heben und reparieren konnten, anfangen mußten. Das waren sehr harte Tage der Ungewißheit, in denen die Leute, die die Gesellschaft aufbauen wollten, von der Hand in den Mund leben mußten. Unsere Schiffahrtsgesellschaft begann mit nur elf kleinen Booten (neun aus Holz und zwei aus Stahl) mit durchschnittlich hundert Tonnen. Dazu kam, daß die meisten dieser kleinen Schiffe schon zwanzig oder dreißig Jahre alt waren.«

1960 begann die Firma mit dem Bau ihres ersten Schiffes, eines Frachters mit 955 Bruttoregistertonnen, in der Werft in Mali Losinj. Aber es ging nur langsam aufwärts. Jugoslawien litt noch unter den Folgen des Krieges, und es gab nur wenig Geld für die Finanzierung neuer Schiffe.

Stjepan Kutlesa, der großväterliche Chef der Trampflotte, erzählt: »Wie das manchmal so im Leben eines Künstlers oder einer Opernsängerin passiert, vielleicht wird sie krank — und dann kommt ein anderer (das Schicksal?), um ihr weiterzuhelfen. So etwas geschah auch mit einem unserer Schiffe: Es kollidierte mit einem japanischen Schiff in der nördlichen Adria, und weil es sich als Totalverlust herausstellte, wurde uns die Entschädigung von der Westminster Bank in London überwiesen. Daraus entwickelte sich eine Art Vertrauen, aufgrund dessen die Bank den Kauf gebrauchter Schiffe über einen Schiffsmakler in London finanzierte.«

Von diesem Punkt an entstand die Flotte in erstaunlich kurzer Zeit durch den Erwerb von Schiffen aus zweiter Hand, bei dem die bereits im Besitz der Gesellschaft befindlichen älteren Schiffe jeweils als Sicherheit für den Kauf neuerer Schiffe dienten. Losinjska Plovidba nahm planmäßige Liniendienste von Jugoslawien nach Griechenland, in die Türkei und nach Nordafrika auf. Sie begann weiterhin mit dem Bau eines RoRo-Schiffes in der eigenen Werft und bestellte zwei weitere Schiffe bei anderen

Das Steuerrad des Schiffes, ein Originalteil, sieht aus, als sei es für ein Fischerboot hergestellt worden. Die meisten Blankteile auf dem ganzen Schiff sind noch im Originalzustand erhalten.

Im Salon für die Offiziere finden sich Vertäfelungen und Tischlerarbeiten, die es heute nur noch auf wenigen modernen Linienschiffen gibt.

Werften. Innerhalb von zwanzig Jahren entwickelte sich die Gesellschaft praktisch aus dem Nichts zu einer der bekanntesten Frachtfirmen des Mittelmeers.

Bei meinen Gesprächen auf der Werft wurden meine Augen wie magisch von einem der außergewöhnlichsten Schiffe angezogen, die es auf der Welt noch gibt. Die *Buga* mit ihrer Nutzlast von 10 446 Tonnen lag längsseits am Dock. Sie war 1926 in England gebaut worden, und hier schwamm sie nun und sah noch genauso aus wie an dem Tage, an dem sie am Tyne vom Stapel gelaufen war. 1982 war sie der größte noch schwimmende Frachter ihres Alters in Europa.

Wenn man neben der *Buga* steht, ist man sofort beeindruckt von den riesigen freitragenden Brückennocks. Sie sehen aus wie der angespannte Bizeps eines Bodybuilders. An der *Buga* sieht eigentlich alles sehr solide aus. Die Laderäume Nr. 2 und Nr. 3 sind jeweils dreiundzwanzig Meter lang, Nr. 1 ist nur etwas kürzer. Angetrieben wird sie von zwei großen Vierzylinder-Dieseln von MAN mit jeweils 1750 PS. Selbst mit diesen insgesamt 3 500 PS ist sie jedoch »untermotorisiert«. Mit voller Beladung kommt sie höchstenfalls auf magere neun Knoten.

Das Schiff ist nach einer Kriegerprinzessin benannt. Im 7. Jahrhundert fielen viele kroatische Stämme aus dem heute russischen Karpatengebiet in die Landstriche an der Adria ein. Einer dieser Stämme wurde von einer Familie mit fünf Brüdern und zwei Schwestern beherrscht. Eine dieser Schwestern, Buga, war als starke und wilde Kriegerin bekannt und führte ihre eigenen Kriegsscharen zu Siegen über viele der im heutigen Jugoslawien heimischen Stämme. Buga geriet nicht in Vergessenheit; ihre Namensschwester befährt heute das Mittelmeer.

Die *Buga* wurde von Armstrong Whitworth in Newcastle als Schwergutfrachter für die »New Zealand Carriers Ltd«, eine in Hongkong registrierte Firma, gebaut. In den zwanziger und dreißiger Jahren transportierte sie Lokomotiven, Eisenbahnwaggons, Dampfkessel und ähnliches Schwergut von Groß-britannien nach Asien, Australien und Neuseeland. Auf der Rückfahrt hatte sie Dscharrah- und Karri-holz aus Australien, Kiefern aus Neuseeland und Mahagoni, Teak und anderes Hartholz von der malayischen Halbinsel an Bord. Dazu transportierte sie Zinn und Gummi aus Südostasien nach Groß-britannien. Die *New Zealand Venture*, wie sie ursprünglich hieß, war mit ihren 100-t-Ladebäumen an den Laderäumen Nr. 2 und Nr. 3 gut für den Transport von Schwergut gerüstet. Sie verfügte außerdem über 45-t-Ladebäume an allen drei Laderäumen, so daß zwei Trupps Schauerleute gleichzeitig normalgroße Ladungen verstauen konnten.

1950 wurde die *Buga* umgebaut: An die Stelle der ursprünglichen Dreifach-Expansionsdampfmaschine traten die MAN-Diesel, und die Schwergutladebäume sowie alle Winschen wurden gegen elektrisch betriebene Vorrichtungen ausgetauscht. Einige Rumpfplatten wurden ausgewechselt und der hohe, schmale Dampferschornstein wurde zu der jetzigen kurzen, elliptischen Konstruktion umgebaut.

Obwohl nach einem Brand, dessen Herd sich offensichtlich in der Kabine des Messestewards befand, eine qualitativ minderwertige neue Täfelung angebracht wurde, hat die *Buga* noch viel von ihrer ursprünglichen Großartigkeit beibehalten. Der Offizierssalon und die Messe sowie das Steuerhaus sind schön mit Mahagoni und Teak getäfelt. Die Arbeit ist von einer Qualität, die es auf modernen Schiffen nicht mehr gibt, und glücklicherweise sind auch viele der hübschen Details wie etwa der Kamin in der Offiziersmesse noch erhalten.

Die Losinjska Plovidba betreibt die *Buga* als Trampschiff. In den letzten Jahren hat sie überwiegend Schrott aus dem russischen Schwarzmeerhafen Noworossijsk nach Jugoslawien transportiert. Dafür ist sie mit ihren riesigen Laderäumen und ohne Zwischendecks hervorragend geeignet. Ihre Zukunft sieht jedoch nicht rosig aus.

Magasic Mate, ein großer, gemächlicher Mann mit buschigem Schnurrbart, ist Kapitän der *Buga*. Er schätzt die Schönheit und Einzigartigkeit des Schif-

Oben: **Die Mannschaft der *Buga* ißt gut. Hier werden in einem der alten Ölherde Hähnchen zum Mittagessen gebraten.**

Unten: **Die Mannschaftsmesse ist einfach eingerichtet, aber die Matrosen sind mehr daran interessiert, was sie essen, als wo sie es essen.**

fes, macht sich aber über etwas anderes Sorgen, und zwar über die Steuerung.

»Die *Buga*«, sagt er, »hat ein Ruder, das für die Schiffsgröße zu klein ist und besonders, wenn wir unter Ballast fahren, nur wenig Wirkung zeigt. Ein größeres Ruder kann wahrscheinlich nicht angebracht werden, weil die alte (elektrische) Steueranlage damit nicht fertig wird.

Im Mai 1982 hatten wir ziemliche Schwierigkeiten. Wir fuhren mit Ballast durch den Bosporus. Wie es manchmal dort so ist, herrschte starke Strömung und heftiger Seitenwind. Das Schiff reagierte nicht auf das Ruder, und wir fuhren direkt auf das Ufer zu. Ich ging mit der Backbordmaschine auf volle Kraft zurück — immer noch nichts. Mit der Pfeife warnte ich die Besatzung, damit sie sich auf eine Kollision vorbereiten konnte. Unmittelbar bevor sie auflief, begann sie endlich herumzukommen. Danach mußte ich mit beiden Maschinen steuern, bis die Situation bereinigt war. Wir fuhren Schlangenlinien wie ein betrunkener Autofahrer.«

Außer der schlechten Steuerung und der geringen Geschwindigkeit hat die *Buga* noch andere Nachteile. Da das Schiff ursprünglich für eine viel größere Besatzung gebaut wurde, verfügt jeder Matrose jetzt über eine eigene Kabine. An den Sanitäreinrichtungen ist jedoch kaum etwas getan worden, und die Besatzung beschwert sich darüber. Auch die Kombüseneinrichtung stammt noch aus den zwanziger Jahren und macht das Kochen für eine große Besatzung schwieriger, als es sein müßte. In Verbindung mit einer katastrophalen Rezession in Europa und einem Überangebot an Schiffen im Verhältnis zur verfügbaren Ladung bedeuten diese Probleme nichts Gutes für die Zukunft der sechsundfünfzig Jahre alten *Buga*.

Im Gegensatz dazu sieht die Zukunft für die Firma, in deren Besitz sie sich befindet, viel besser aus. Als staatliche Gesellschaft im sozialistischen Jugoslawien ist die Losinjska Plovidba nicht nur dafür verantwortlich, Geld für den Staat zu verdienen, sondern auch dafür, der Bevölkerung vor Ort Arbeits-

möglichkeiten und einen guten Lebensstandard zu bieten.

Cres und Losinj haben zusammen 10 000 Einwohner, darunter etwa 3 000 Arbeiter. Die Losinjska Plovidba beschäftigt fast 1 000 Menschen in der Schiffahrtsgesellschaft und 200 in der Werft; weitere 200 verdienen ihr Geld in den verschiedenen Touristikbranchen. Damit fungiert die Firma insgesamt als Arbeitgeber für mehr als 40 % der arbeitenden Bevölkerung der beiden Inseln. Ohne die Arbeitsplätze bei der Losinjska Plovidba würde auf den beiden öden Inseln größte Armut herrschen. Bevor die Firma zu wachsen begann, standen viele Menschen nur einen Schritt vor dem Hungertod. Heute hilft die Kreditgenossenschaft der Firma vielen Arbeitnehmern dabei, das eigene Haus zu finanzieren. Luxusgüter wie Fernseher, Kühlschränke und, in geringerem Ausmaß, Autos sind nichts Besonders mehr. Der Lebensstandard ist durchaus mit dem in vielen Teilen Westeuropas zu vergleichen.

In Handel und Industrie zeigen die kommunistischen Länder große Unterschiede. In der Sowjetunion beispielsweise haben die meisten Firmen nur wenig Entscheidungsfreiheit darüber, wie und was sie produzieren, wieviel Kapital sie einsetzen, welches Gerät sie kaufen und, ganz allgemein, wohin das Geschäft führen soll. Die wesentlichen Entscheidungen werden vom zentralen Planungsbüro getroffen. In Jugoslawien ist das jedoch nicht der Fall. Die Firmendirektoren sind ziemlich selbständig und haben einen weiten Spielraum bei Entscheidungen, die Produktion und Wachstum ihrer Firmen beeinflussen. Sie dürfen ihre Vorhaben direkt bei westlichen Banken finanzieren und sind größtenteils verantwortlich für die Firma.

Die Direktoren jugoslawischer Firmen stammen in der Regel aus den Reihen der leitenden Angestellten. Es gibt viel weniger Wechsel von Firma zu Firma als im Westen, und die Vorgesetzten befördern in der Regel eigene Leute, anstatt jemanden von außerhalb zu suchen. Wenn es sich um eine Stelle handelt, die mit eigenen Kräften nicht besetzt werden kann, steht

Das Dorf Cres sah wahrscheinlich schon vor hundert Jahren so aus. Die staatliche Schiffahrtsgesellschaft bietet Arbeitsplätze für die meisten Bewohner.

In einem kleinen Städtchen auf dem Land sitzen alte Männer an einem Sommerabend unter Palmen und denken an gestern.

es der Firma jedoch frei, sie einem Spezialisten aus einem anderen Landesteil anzubieten. Julijano Sokolic gibt offen zu, daß politische Überlegungen ebenfalls eine bedeutende Rolle spielen. Einige Sitze im Aufsichtsrat müssen mit Funktionären der kommunistischen Partei besetzt werden. Es ist jedoch nicht so, daß jemand Mitglied der Partei sein muß, um in der Firma befördert zu werden.

Die leitenden Angestellten der Firma sind sich ihrer sozialen Verantwortung sehr bewußt. Während meines Besuches hielt Sokolic eine Besprechung mit den Werftarbeitern ab, bei der er ihnen erklären mußte, daß es wegen der schlechten Geschäftslage unumgänglich sei, die Personalkosten zu senken. Er überließ den Arbeitern die Entscheidung, ob das durch Kündigungen oder durch Lohnkürzungen für alle erreicht werden sollte. Keiner war froh darüber, doch am Ende beschlossen die Angestellten, daß sämtliche Löhne und Gehälter ausreichend (ein Prozentsatz wurde nicht festgelegt) gekürzt werden sollten, um die Betriebsausgaben mit den Einnahmen in Einklang zu bringen.

Zur Zeit meines Besuches befand sich die Losinjska Plovidba auf dem Weg zu einem ausgeglichenen Geschäftsergebnis. Die Werft machte wie jede andere Werft auf der Welt, die keine Militärschiffe baute oder reparierte, mit Sicherheit Verluste, wohingegen die Touristikgruppe gut verdiente. Insgesamt kam die Losinjska Plovidba in einer erschreckenden weltwirtschaftlichen Lage so gut wie die meisten und ein Gutteil besser als manche Firmen im Westen zurecht. Das Verdienst für den Erfolg der Firma gebührt teilweise der regierungsamtlichen Politik, dem lokalen Management Entscheidungsfreiheit zu geben, größtenteils aber gebührt es den Arbeitern und Angestellten der Firma selbst.

KAPITEL 10

Henry Bonneaud

Coprahändler im Südpazifik

Santo, Espíritu Santo Island, Vanuatu — 20.45 h. Die *Henry Bonneaud* wirft die Leinen los und fährt mit Nordostkurs an den beiden kleinen Riffen gegenüber dem Dock der Holzfirma vorbei in die Dunkelheit hinein. Der Kapitän läutet »volle Kraft voraus«, und die *Henry* sucht sich mit den Lichtern der Stadt an Backbord ihren Weg nach Norden. Nach einer Stunde sind bis auf das gelegentliche Flackern einer Petroleumlampe keine Lichter mehr am Ufer zu sehen. *5.25 h.* Der Morgen bricht an. Die *Henry* rollt in den kurzen Wellen am Ausgang der Big Bay. Sie passiert Cape Queros, die steile, dschungelbewachsene Landspitze, die den Osteingang der Bucht bewacht. Lianen und Kriechpflanzen bedecken die Bäume am Kap wie ein Tarnnetz, und das ganze grüne Gewirr steigt sechzig Meter aus dem Wasser empor. Über dem Dschungel haben sich bereits große Kumulonimbuswolken gebildet. Sie treiben in einer stattlichen Prozession nach Osten. Im Norden sieht man nur das leere Korallenmeer.

Die Decks der *Henry* sind verlassen. Außer Roger, dem Kapitän am Steuer, schläft noch alles. Crazy,

der kleine Mischlingswelpe, liegt zwischen Kühlschrank und Ventilator eingeklemmt. Die Bordkatze streift suchend umher und klettert dann über die Leiter zum Hauptdeck hinunter. Eine leichte Brise fängt sich in dem Sonnensegel über dem Bootsdeck. Selbst um 6.00 h morgens ist die Luft schon schwer und träge. Die *Henry* befindet sich auf der Nordostseite der Big Bay. Die Bucht sieht aus wie ein von Daumen und Zeigefinger geformtes großes U, wobei Cape Queros an der Daumenspitze und das Ende der Insel, siebzig Meilen nordwestlich, an der Spitze des Zeigefingers liegt. Im ersten Tageslicht war das Ende der Bucht nicht zu sehen gewesen, doch jetzt erscheinen fünfzehn oder zwanzig Meilen weiter im Süden zerklüftete Berge.

Big Bay, am Nordende von Espíritu Santo, ist nicht leicht zu erreichen. Als erstes einmal muß man nach Port Vila, der Hauptstadt der neuen Inselrepublik Vanuatu* kommen. Dazu gibt es wöchentlich zwei Flüge aus Australien (1 400 Meilen westlich) und von

* Vor der Unabhängigkeit im Jahr 1980 waren die damaligen Neuen Hebriden ein Protektorat unter der gemeinsamen Verwaltung von Großbritannien und Frankreich

Linke Seite: Die *Henry* und ihre wenigen Konkurrentinnen bilden für einige abgelegene Dörfer auf Vanuatu die einzige Verbindung mit dem 20. Jahrhundert.

Die *Henri Bonneaud* liegt vor der Küste und wartet auf Ladung.

Leongs Boot wird zu Wasser gelassen. Es fährt zum ersten Mal dem Schiff voraus, um Copra aufzukaufen, bevor ein Konkurrent die Dörfer erreicht.

den Fidschi-Inseln (700 Meilen östlich). Von Port Vila aus gelangt man mit einem kleinen Flugzeug 250 Meilen nach Norden in die schläfrige Stadt Luganville oder Santo, wie sie bei den Einheimischen heißt. Dann fangen die Probleme aber erst an, weil keine Straßen zur Big Bay führen. Es gibt einen einzigen, nur von Allradfahrzeugen benutzbaren Weg, der sich durch den Dschungel schlängelt, höchstwahrscheinlich aber durch einen der häufigen Regengüsse ausgewaschen ist. Wie dem auch sei, der Weg endet an der Südwestecke der Bucht. Weiter westlich liegen nur noch malariaverseuchte, dschungelbedeckte Berge, die größtenteils weder kartographiert noch erforscht sind.

Die *Henry* macht halbe Fahrt und wartet auf ausreichend Licht, um mit der Arbeit zu beginnen. Sie kauft Copra (getrocknete Kokosnüsse) in den einsamen Dörfern, die verstreut am Rande der Bucht liegen. Außerdem befindet sich ein Gemischtwarenladen an Bord, aus dem sich die Dorfbewohner mit dem Geld, das sie für ihre Copra erhalten, versorgen können. Die *Henry* und die wenigen anderen Handelsschiffe bilden die einzige Verbindung der Einheimischen mit der Außenwelt. Auf dieser und einigen anderen Inseln haben sich die Menschen nicht weit von der Steinzeit entfernt. Im Vergleich dazu

sind die Dorfbewohner an der Küste schon ziemlich weltmännisch, weil sie häufiger Kontakt mit Europäern und mit ihren Landsleuten aus den Städten haben.

Mit Steuerrad, Maschinentelegraph und Kompaß als einziger Ausstattung sieht das Steuerhaus nahezu öde aus. Die *Henry* hat kein Radar, kein Loran, nicht einmal ein Echolot. Glücklicherweise sind Roger, der Kapitän, und Matthew, der zweite Kapitän, anscheinend durchaus fähige Leute. Sie sind ni-Vanuatu, d. h. Einheimische. Beide stammen von den nördlichen Inseln und befahren die Gewässer hier seit ihrer Kindheit. Ich frage den im mittleren Alter stehenden Roger, wie er zwischen all den Riffen hindurchkomme, ohne zumindest auch nur ein Echolot zu haben. Er ist schüchtern und scheint mit der Antwort Schwierigkeiten zu haben. Vielleicht hat man ihm die Frage vorher noch nie gestellt. Schließlich sagt er unbeholfen: »Ich messe einfach mit meinen Augen, messe die Entfernung zum Riff. Ich kann die Hügel und die Strömung sehen, ob sie uns fortträgt oder nicht, und ich achte die ganze Nacht sorgfältig darauf.« Er läßt die ganze Sache einfach klingen, aber das ist sie nicht.

7.00 h. Zwei Besatzungsmitglieder kämpfen mit dem schweren Schwungrad an einem der einzylindrigen

Winschenmotoren. Bislang rührt sich noch nichts. Sie kurbeln abwechselnd; ihre enormen Muskeln wölben sich, der Schweiß rinnt ihnen vom Gesicht, doch der Motor will nicht anspringen. Zwischen den Winschen befinden sich die beiden Laderäume der *Henry*; darauf liegen zwei Arbeitsboote, eins aus Stahl und das andere aus Holz. Weiter befinden sich ein Schnellboot aus Aluminium und ein großes klinkergebautes Dinghi an Bord. Die beiden Männer haben sich dem zweiten der vier Winschenmotoren zugewandt. Ein paar Minuten Kurbeln, und er beginnt unregelmäßig zu laufen; eine ölige Rauchwolke hüllt das Vordeck ein.

Wir sind jetzt halb in der Bucht. Weiter vorn liegt ein anderes Handelsschiff vor Anker. Es sieht wie die *Kismet* aus. Das bedeutet für die *Henry* nichts Gutes. Manwah Leong ist ein untersetzter Mann, abgehärtet durch schwere Arbeit und durch das Wetter. Mit dem Fernglas steht er an der Reling und beobachtet den Konkurrenten. Er ist einer der drei Eigner der *Henry* und Vanuataner; seine Eltern emigrierten zu Beginn des 2. Weltkriegs aus China. Seine Partner, Puichee und Jackson Lo, sind Brüder, deren Eltern vor den Japanern in China flohen, sich schließlich in Santo niederließen und jetzt einen Großteil der Lagerhäuser und Läden in der Stadt besitzen. Puichee Lo befindet sich nicht an Bord der *Henry*. Er ist ein gelehrtenhaft wirkender Buchhalter, der lieber an Land bleibt und sich mit der finanziellen Seite des Unternehmens beschäftigt. Der vierundzwanzigjährige Jackson Lo hat gerade das College verlassen und lernt jetzt erst einmal die Grundlagen des Geschäfts. Er führt den Laden an Bord. Die drei Partner haben die gleiche Universität in Australien besucht und sind dann nach Santo zurückgekehrt, um die unternehmerische Tradition ihrer Familien fortzusetzen. Manwah ist es jedoch, der von Natur aus Führungsqualitäten besitzt und die meisten Entscheidungen im Hinblick auf das Schiff und den Copraankauf trifft. Er ist der Boss der Gruppe.

Alle Winschen rattern schließlich vor sich hin. Die *Henry* wird langsamer, als sie sich dem Ende der Bucht nähert. Direkt vor dem Bug stehen zerklüftete und mit dichtem Laub bedeckte Berge. Palmenhaine säumen im Wechsel mit Dschungel das Ufer und sind durch üppig grüne Hügel von den Bergen getrennt. Außer den paar Leuten, die an dem anderen Schiff arbeiten, ist niemand zu sehen.

Die *Kismet* lädt Copra. Sie befindet sich im Besitz von Burns Philip, einer riesigen australischen Handelsfirma, dem »General Motors« des Südpazifik. Wahrscheinlich könnte sie das ganze Land Vanuatu aufkaufen. Tatsächlich kauft und verkauft Burns Philip nahezu alle Artikel und Güter, die im Land produziert und konsumiert werden. Manwah meint, wenn er wolle, könne er der *Kismet* mit seinem Schnellboot vorausfahren und sämtliche Copra aufkaufen; damit wäre Burns Philip in der gesamten Bucht aus dem Geschäft. Ich frage ihn, ob das klug wäre. Er zuckt die Achseln und antwortet, daß er beschlossen habe, das nicht zu tun, weil es nicht fair wäre. Außerdem, so sagt er, behalte man in vielen Dörfern die Copra für ihn zurück, weil er einen guten Ruf habe. Die meisten Händler zögen beim Coprakauf vier Kilo für den Sack ab, während er dafür nur zwei Kilo berechne.

7.45 h. Jackson Lo und sein Assistent beginnen die

Regale im Laden zu füllen; sie nehmen alles aus den Behältern, die den winzigen Raum verstopfen. Die Kartons enthalten Dosenmilch, Kakaogetränke, Moskitospray, Petroleumlampen, Rindfleischkonserven, Makrelen in Dosen, Zigaretten, Taschenlampenbatterien, Kaugummi, Mehl, Zucker, Kekse, Wattebäusche, Baumwollappen, Notizblocks, Hühnercurry in Dosen und sogar ein paar Fußbälle. Beim Anblick all der Konserven, und zwar besonders der Makrelen, denke ich darüber nach, welche kulturellen Veränderungen stattgefunden haben müssen, daß ein Volk, das an einem so fischreichen Gewässer lebt, diesen Fisch aus Dosen ißt.

Manwahs Aluminiumboot wird zu Wasser gelassen. Es ist gefüllt mit Kisten mit Zwieback, Käse und Zweiminutennudeln, zusammen mit ein paar Schaufeln. Die beiden 40-PS-Außenborder erwachen zum Leben, und Manwah nimmt Kurs auf das Ufer, um festzustellen, ob es noch Copra für ihn gibt und in welche Richtung die *Kismet* fährt, damit wir ihr vorauseilen können. Die Gischt, die das schnelle Boot aufwirbelt, fühlt sich kühl und erfrischend an. Die Lebensmittel und Schaufeln bleiben in einem der Dörfer als Bezahlung für bereits gekaufte Copra zurück. Dann geht es eine weitere Meile an der Küste entlang auf ein Signalfeuer und winkende Dorfbewohner am Ufer zu. Manwah geht an Land, verhandelt erforgreich und läßt eine Waage zurück, auf der die Copra gewogen werden soll. Dann geht es zurück zur *Henry*, um ein Arbeitsboot zu holen. Judy und ich bleiben lieber an Land und beobachten die Vorgänge.

Das Dorf, zweihundert Meter vom Wasser entfernt, ist menschenleer. Sämtliche fünfunddreißig Bewohner sind beim Wiegen der Copra. Acht strohgedeckte Hütten im Kreis um eine offene Kochstelle ergeben die gesamte Siedlung. Die Hütten stehen in gutem Abstand voneinander, und einige Palmen zwischen ihnen liefern Schatten. Die kleine Gemeinde nimmt eine Fläche von vielleicht zwei Morgen ein und ist bis auf die Uferseite von Wänden aus dichtem Laub umgeben. Alles ist sauber. Selbst die nackte Erde um

Manwah Leong ist die treibende Kraft, die den ganzen Coprahandel zusammenhält. Er wird von Mannschaft und Dorfbewohnern gleichermaßen respektiert.

Dorfbewohner schleppen ihre Einkäufe zu dem wartenden Arbeitsboot, das sie an Land bringt.

Rechts: **Ein Matrose betrachtet skeptisch eine Schlinge mit Coprasäcken über sich. Er befindet sich in einer sehr gefährlichen Lage. Wenn die Trosse reißt, bleiben ihm nur Sekunden, bevor er unter einer Tonne Copra begraben wird. Ein Besatzungsmitglied sichert die Schlinge um die Ladung.**

die einzelnen Hütten zeigt Besenspuren.

Direkt am Ufer steht ein Bambusschuppen, in dem die Dorfbewohner ihre Copra lagern. Ein paar Säcke sind noch zu füllen, und zwei Männer schaufeln Copra hinein, während andere sie in den teilweise gefüllten Säcken feststampfen. Ein älterer Mann, dessen Haut so schwarz wie die Nacht ist und dessen Muskeln wie Taue hervortreten, näht die Säcke aus grober Leinwand mit einer hölzernen Nadel zu. Die Kokosnußschalen sind mit einer Machete zerkleinert und dann über dem Feuer getrocknet worden. Das wird als geräucherte Copra bezeichnet, die, weil sie schmutzig ist, einen niedrigeren Preis einbringt als luftgetrocknete Copra. Außerdem stinkt sie und dient — merkwürdig genug — doch als Ausgangsbasis für Parfüm und Seife sowie für Öl zum Kochen und Braten und Sonnenöl.

In der Nähe des Dorfes sitzen Frauen mit ihren Kindern im Schatten einer großen Feige. Jede Frau hat ein, manche auch zwei Babys. Alle werden von Fliegen umschwärmt. Niemandem scheint das etwas auszumachen. Eine Frau redet sanft auf ihr Kind ein und schneidet ihm etwas Zuckerrohr ab. Die Menschen sind scheu, aber sehr freundlich. Auf ein Lächeln reagieren sie unweigerlich mit einem größeren Lächeln. Außer ihrer eigenen Sprache spre-

chen einige der Dorfbewohner Pidginenglisch, aber das ist oft sehr schwer zu verstehen. Nach ein paar Ansätzen zu einer Unterhaltung lasse ich mich durch die Schönheit um mich herum einlullen. Ein Schwarm glänzend rotgrüner Papageien huscht krächzend und zirpend durch die Bäume. Der Strand besteht aus schwarzem Lavasand, auf den mit beruhigender Regelmäßigkeit kleine Wellen auflaufen. Es ist ein sehr heißer Tag, und das Wasser fühlt sich verlockend an; ich lasse mir die Knie umspülen. Man hat Judy und mir gesagt, wir sollten an einem schwarzen Lavastrand nicht schwimmen gehen, weil die großen Haie sich dort kaum vom Wasser abheben. An diesen Rat wollen wir uns halten.

Manwahs Assistent überwacht das Wiegen der Coprasäcke. Die Waage befindet sich an einem Bambusstab, der auf den Schultern zweier Dorfbewohner ruht. Jemand ruft das Gewicht der einzelnen Säcke aus, und der Assistent notiert es zusammen mit dem Namen des Besitzers in einem kleinen Buch. Das Arbeitsboot trifft mit dem Dinghi im Schlepp ein, das zehn Meter vor dem Ufer losgelassen wird. Mit Coprasäcken auf den Schultern machen sich die ni-Vanuatu in einer Reihe auf den Weg. Jeder einzelne Sack wiegt knapp achtzig Kilo, doch die kräftigen Dorfbewohner gehen mit ihnen

um, als seien es Federkissen. Besatzungsmitglieder der *Kismet* kommen mit ihrem Arbeitsboot heran, um nachzuschauen, ob sie noch Copra kaufen können. Es ist zu spät; die *Henry* hat alles gekauft. Die Dorfbewohner zeigen auf eine andere Stelle an der Küste, wo möglicherweise noch Copra zum Verkauf steht. Das Arbeitsboot der *Kismet* nimmt Kurs zurück auf das Schiff. Als es das Boot der *Henry* passiert, reden die beiden Besatzungen unter Lachen aufeinander ein, was auf eine freundliche Rivalität zwischen den beiden Schiffen hinzuweisen scheint.

10.00 h. Crazy, der Welpe, hat sein Frühstück gehabt und liegt wieder in tiefem Schlaf hinter dem Kühlschrank. An den beiden vorderen Ladebäumen wird eine Talje befestigt, und um die Hälfte der zwanzig Coprasäcke am Bord des Arbeitsbootes wird ein Stropp gelegt. Die Last hebt sich über die Seite des Schiffes, und die Copra wird ganz unfeierlich in den vorderen Laderaum der *Henry* abgelassen. Roger steht in Funkkontakt mit Manwah, der schon die Küste hinaufgefahren ist. Er hat Copra aus drei weiteren Dörfern und befiehlt Roger, Anker zu lichten, sobald die *Henry* am gegenwärtigen Liegeplatz mit dem Laden fertig ist. Der Schiffsladen ist mit Dorfbewohnern überfüllt, die sich nicht entscheiden könpen, was sie kaufen sollen. Jackson steht hinter dem Tresen und gibt die Waren aus, so schnell er kann.

11.45 h. Manwah ist zurück. Er versucht, die Dorfbewohner vom Schiff zu bekommen, damit die Fahrt weitergehen kann. »Passagiere von Bord!« schreit er. »Alles an Land, was an Land will.« Niemand rührt sich. Zehn Minuten später wird eine Bootsladung Dorfbewohner an Land gebracht. Weitere Leute reihen sich mit ihren Einkäufen an der Leiter auf. Ein Mann hat einen Sack Mehl und eine Schachtel Munition gekauft. Ein anderer hat zwei Bier, und ein dritter bewundert einen neuen Plastikkamm.

Ich frage Manwah, in wie vielen Dörfern er mit seinem Schnellboot gewesen ist und wieviel Copra dort zu verkaufen war. Er antwortet: »Drei. Ich war nur in den größeren Dörfern, die anderen nehmen wir auf dem Rückweg mit. Im größten Dorf haben sie über einhundert Säcke, vielleicht acht Tonnen. In den anderen ist es weniger.«

»Du bist also vor der *Kismet* hergefahren und hast sämtliche Copra gekauft?« Er nickt. »Du hast aber doch gesagt, du wolltest das nicht tun.«

»Das habe ich bei der Abfahrt gesagt und da auch gedacht,« antwortet Manwah. »Aber wo die *Kismet* jetzt hier ist, nun. . . so ist das im Geschäftsleben.« Eine Stunde später sehen wir eines der Arbeitsboote der *Kismet* an der Küste. Offensichtlich hat die *Kismet* nicht lange gebraucht, um Manwahs Spielchen zu erkennen und sich darüber klar zu werden, daß daran auch zwei Spieler teilnehmen können. Ich frage ihn, ob er sich Sorgen macht; das scheint aber ganz und gar nicht der Fall zu sein.

»Nein«, sagt er. »Weil sie keine Europäer an Bord haben, arbeiten sie nach Fernostzeit. Um halb sechs stellen sie den Coprahandel ein. Sie hören einfach auf zu arbeiten. Wir arbeiten, bis es nichts mehr zu laden gibt. Ich zahle der Besatzung einfach Überstunden. In Malacoola haben wir bis Mitternacht gearbeitet — sogar bis nach Mitternacht, weil die Mannschaft ganz zufrieden damit ist, wenn sie Überstunden bezahlt bekommt. Die *Kismet* ist also

keine echte Konkurrenz.«

Manwah scheint sich sicher zu sein, daß er als David unter seiner und Jacksons Führung und mit ihrem guten Ruf dem Goliath Burns Philip mit seinen viel höheren Allgemeinkosten immer einen Schritt voraus ist. Hoffentlich hat er recht.

Ich frage mich, was die Einheimischen mit all dem Geld machen, das sie bekommen und das sicherlich mehr ist, als sie für Lebensmittel ausgeben müssen. Jackson erklärt, sie müßten pro Kopf fünfzehn Dollar im Jahr an Steuern zahlen und manche begännen damit, Zaundraht und Gerät für die Rinderzucht zu kaufen. Außerdem kauften sie Kleidung. Zu den Dorfpartys zu Weihnachten und am Unabhängigkeitstag lüden sie andere Dörfer ein und kauften große Mengen an Lebensmitteln, Bier und Wein. Für diese Feiern, die sich über zwei oder drei Tage erstreckten, brieten sie in der Regel ein Schwein.

13.30 h. Die *Henry* wirft Anker vor einem großen Dorf acht Meilen westlich des vorherigen Liegeplatzes. Judy und ich begleiten Manwah und ein paar Besatzungsmitglieder im Schnellboot zum Ufer. Eine ausgedehnte Grasfläche erstreckt sich vor dem Dorf, das um ein beeindruckendes Wellblechgebäude herum gebaut ist. Das sei die Dorfkirche, erläutert Manwah, von Gefangenen gebaut.

Umgeben von neugierigen ni-Vanuatu gehen wir durch das Dorf. Es ist heiß und ziemlich ruhig. Dschungelbedeckte Berge ragen vor uns empor. »Gefangene«, frage ich. »Wessen Gefangene?« »Das waren Kopfjäger aus den Bergen,« sagt Manwah. »Und sie töteten die Leute. Die Polizei erwischte sie und brachte sie hier hinunter.« »Wer?« frage ich. »Die Briten oder die Franzosen?« »Die Franzosen, in den sechziger Jahren. Die Kopfjäger kamen aus den Bergen und töteten die Leute wegen der Köpfe. Haben sie einfach mit Messern abgeschnitten.«

»Haben sie die Menschen gefressen?« »Nein, nur getötet. Sie glaubten an Voodoo und Hexerei und so etwas. Wenn jemand daran glaubt

und dich töten will, kann ihn auch ein ganzes Dorf nicht davon abhalten; er marschiert einfach weiter und tötet dich, einfach so. Die Leute hier glauben auch dran. Sie meinen, daß Menschen zu Zombies werden und andere Menschen aus Rache usw. verspeisen.«

Während Manwah noch spricht, lausche ich auf ein Geräusch aus den Bergen. Es hört sich wie entferntes Trommeln an, aber das bilde ich mir wahrscheinlich nur ein. Ein kleiner Schauer läuft mir in diesem zu ruhigen Dorf über den Rücken. Ich frage mich, wie ich schmecken würde.

Wir stoßen auf den Dorfhäuptling, der uns zum Strand zurückbegleitet. Das Beiboot schleppt zwei Arbeitsboote nahe ans Ufer. Die Wellen haben eine ansehnliche Größe hier, so daß es für die Dorfbewohner schwierig ist, die Copra einzuladen. Als das erste Boot halbvoll ist, rauscht eine große Welle heran und wirbelt das Boot und die Leute durcheinander. Das Beladen wird eingestellt. Die Männer legen ihre Coprasäcke am Strand ab, setzen sich darauf und warten, daß die Wellen nachlassen. Die einzigen Geräusche sind das Rauschen der Brandung, das Zwitschern der Vögel und das Summen der Zikaden. Aber es ist so heiß, daß man glaubt, auch die Hitze hören zu können. Ich habe das Gefühl, aus

Sirup zu bestehen und im Sand dahinzuschmelzen. *15.00 h.* Auf der *Henry* hat die Mannschaft damit begonnen, die Arbeitsboote zu entladen. Das Stahlboot ist hoch bepackt, ein richtiger Berg aus Säcken. Mit jedem Stropp werden jeweils zehn oder zwölf Säcke über die Reling gehoben und in den Laderaum abgelassen. Die Winschenmotoren rattern. Ein zweiter und ein dritter Stropp, und das leere Stahlboot nimmt wieder Kurs auf den Strand. Vom hölzernen Arbeitsboot hebt sich eine Ladung über die Seite. Sie löst sich vorzeitig, und Coprasäcke purzeln in alle Richtungen. Die drei Besatzungsmitglieder oben am Laderaum springen aus dem Weg und stoßen die Säcke anschließend mit den Füßen in den Laderaum.

Dan und Joan Sheperd, zwei abenteuerlustige Neuseeländer mittleren Alters, stehen im Schatten des Brückenvorsprungs und beobachten das Beladen. Dan ist der Schiffsingenieur, der die *Henry* in Gang hält. Als Manwah und die Brüder Lo die *Henry* für 120 000 $ kauften, glaubten sie, ein gutes Geschäft gemacht zu haben. Fast ohne Erfahrung mit Schiffen, erkannten sie jedoch nicht, was für ein Wrack sie da gekauft hatten. Die Sheperds waren seit zwei Jahren mit ihrer selbstgebauten 11-m-Sloop im Pazifik unterwegs gewesen. Sie trafen ungefähr zu der Zeit in Santo ein, als die drei Partner ihre Misere erkannten und kurz vor dem Verzweifeln standen. Da Dan in Neuseeland fünfzehn Jahre lang eine Schiffsbaufirma besessen hatte, war er mit den mechanischen und elektrischen Anlagen eines Schiffes genau vertraut. Man wurde sich einig, und Dan begab sich an die Herkulesarbeit, die *Henry* wieder funktionstüchtig zu machen.

Er lacht. »Als ich an Bord kam, waren alle Zylinderköpfe abgenommen, drei wiesen Risse auf, der Block war gerissen, ein Kolben herausgenommen, Pumpen und Steuergetriebe sowie eine Hilfsmaschine waren demontiert, und alle Teile lagen wild durcheinander. Fürchterlich.«

»Wie hast du die Maschine zum Laufen bekommen?« frage ich.

»Zuerst haben wir einmal eine Aufstellung gemacht, was wir alles brauchten. Dann ließen wir neue Zylinderköpfe und die anderen Teile aus Deutschland einfliegen. Ich verbolzte den Block, reinigte alles und baute es wieder zusammen. In einem Monat lief die Maschine wieder.«

»Schnelle Arbeit.«

»Wir wollten wieder mit unserem eigenen Boot segeln«, sagt er mit einem Lächeln.

Dan und Joan sind wieder unterwegs, aber nicht auf ihrem eigenen Segelboot. Manwah und die Brüder Lo wußten, daß sie jemanden mit Dans Fähigkeiten brauchen würden, um die *Henry* zusammenzuhalten. So jemand ist in Vanuatu nicht einfach zu finden. Deshalb boten sie Dan ein Gehalt, von dem man auf den Inseln normalerweise nur träumen würde, und drei Monate danach waren er und Joan immer noch auf der *Henry*. Joan hat Crazy adoptiert und arbeitet daran, die Kombüse zu übernehmen. Sie macht das ganz vorsichtig, damit der gegenwärtige Koch sich nicht beleidigt fühlt und kündigt. Sie wäre in der Kombüse das, was Dan für die Maschine ist.

Manwah und Jackson zählen das Geld für die großen Mengen Copra aus. In der Kasse befinden sich Stapel von 1000-Vatu-Scheinen.*

Die Beträge werden in Abrechnungsbögen eingetragen, und die Männer erhalten ihr Geld in bar. Gelegentlich bekommen auch die Frauen Geld. Kleine Kinder schauen interessiert zu. Bei jedem Namen, der ausgerufen wird, tritt ein Mann in den kleinen Laden und holt sein Geld ab. Patrick, Samson, James, Mele und wie sie alle heißen starren begehrlich auf den Stapel aus 1000-Vatu-Scheinen. Manwah ruft einen Mann heran: »Thomas George, du, Tom, komm.« Tom tritt ein und bekommt 15 870 Vatu für acht Säcke. Jackson ruft: »Nonnay, stopp.« Das heißt: »Nonnay, komm her.« Die Dorfbewohner, die sich hier ihr Geld abholen, befinden sich im Alter zwischen Anfang zwanzig und vielleicht Anfang sechzig. Sie bekommen im allgemeinen zwischen 80 und 300 $.

* 1000 Vatu entsprechen etwa 10 $.

Als die Männer abgefertigt sind, kommen die Frauen in den Laden und fragen nach dem Preis für einen Sack Reis oder ein Stück bedrucktem Baumwollstoff. Eine große Kiste ist voll mit Stoffen in verschiedenen Arten und Farben. Manwah greift in die Kiste und legt einer potentiellen Kundin eine Auswahl vor. Sie ist eine untersetzte Frau Mitte vierzig. Die Frau entscheidet sich für ein blaues Blumenmuster. Sie ist mit ihrem Kauf anscheinend sehr zufrieden. Ein junges Mädchen im T-Shirt kauft eine Plastikarmbanduhr mit rotem Band. Ein anderes hübsches Mädchen spaziert mit Schokoladenkeksen davon. Ein Junge, der geduldig gewartet hat, bekommt ebenfalls ein Päckchen Schokoladenkekse und läuft schnell nach draußen, um sie zu essen. Zwei Taschenlampen gehen über den Tresen, komplett mit Batterien. Die kleinen Kinder beobachten mit großen Augen, was um sie herum passiert. Jetzt ist der halbe Tresen von kleinen Kindern belagert. Kekse mit Schokoladencremefüllung scheinen der Bestseller zu sein, gefolgt von Taschenlampen. Die Frauen kichern und lachen. Es sind einfache, unverdorbene und ehrliche Menschen, mit Sicherheit völlig unkompliziert. Eine Mutter mit einer Reihe Kinder kauft zwei Handtücher in grellen Farben und einen Karton Kaugummi. Die meisten kleinen Kinder halten ihre 10-Vatu-Münzen hin und bekommen ein kleines Päckchen Kaugummi. Jackson versucht, Suppe zu verkaufen. Die Frau mit dem Kleiderstoff fragt: »Wieviel für Suppe?« Er sagt es ihr, und sie gräbt in ihrem Plastikbeutel nach dem Geld. Für 100 Vatu bekommt sie ein paar Päckchen Suppenmischung mit Hühnchengeschmack. Ein Junge kommt herein und kauft ein Paar Gummistiefel in der Größe von Wasserski. Jackson versucht immer noch, seine Suppenmischung loszuwerden. Es gibt eine Auseinandersetzung über das Geld für die Copra. Raymond, ein unangenehm aussehender Bursche mit einer Kette um den Hals, kommt herein und fragt: »Wieviel ich bekommen?« Manwah antwortet: »17600.« Raymond behauptet: »Ich bekomme nur 6000, nicht mehr.« Manwah sieht noch einmal seine

Quittungen durch und überprüft die gezahlten Beträge. In all dem Wirrwarr bekomme ich den Ausgang nicht mit.
Die Kunden kommen in Gruppen, getrennt nach Alter und Geschlecht. Die nächste Gruppe nach den Frauen besteht aus jungen Männern. Jackson verkauft einem ausgewachsenen jungen Burschen ein orangefarbenes Handtuch für 200 Vatu, etwa 2 $. Die jungen Männer wollen Baumwollhemden, und es tritt etwas Ruhe ein, weil es in dem Durcheinander schwierig ist, die richtigen Größen zu finden. Ein Käufer bekommt eine schwarze Badehose, hält sie sich vor, weiß aber wohl nicht, ob sie paßt. Er fragt: »Welche Größe?« Die Antwort lautet: »Achtzig, achtzig.« Aus dem obersten Regal kommt mit dem Ruf »siebzig, siebzig« eine Badehose geflogen. Schwarze Badehosen kosten 900 Vatu; drei werden verkauft. Jackson sagt, Seife sei ein Bestseller, aber ich habe ihn nur zwei Stücke verkaufen sehen. In diesem Augenblick gehen zwei weitere Stücke über den Tresen. Ein Mann mittleren Alters kauft einen Fliegenfänger, eine Taschenlampe und eine Zigarre, die nicht gerade aussieht, als gehöre sie zu den Spitzenerzeugnissen. Der Andrang läßt nach. Jackson wischt sich den Schweiß von den Augenbrauen und läßt sich auf eine Kiste Makrelen in Dosen fallen.
16.40 h. Die *Henry Bonneaud* lichtet den Anker, um ein paar Meilen weiter zu einem kleinen Dorf am Nordwestende der Bucht zu fahren. Dort wird sie heute zum letzten Mal haltmachen. Um 17.15 h sind beide Arbeitsboote zwischen Schiff und Ufer unterwegs. Jackson hat noch im Laden zu tun. Ein ni-Vanuatu-Pärchen hat gerade eine Flasche Gin und einen 5-Liter-Krug Rotwein gekauft. Jackson fragt, wofür sie den Schnaps kaufen. Der Mann antwortet: »Mein Vetter, Zeit für Schneiden Haar im Gesicht.« Anscheinend ein weltweiter Ritus. Die erste Rasur ist so gut wie jeder andere Grund als Anlaß zum Feiern. Mit den Flaschen im Arm macht sich das Pärchen davon.
18.25 h. Das Beladen ist fast abgeschlossen. Manwah kehrt im Schnellboot zurück. Er bringt sechs Nou-

ambas mit, große grüne Tropentauben, die er im Wald geschossen hat. Gut. Heute abend gibt es endlich mal etwas anderes als Curry.
Von der *Kismet* ist am nächsten Morgen nichts zu sehen. Sie hat Kurs auf die Westseite der Insel genommen, um dort sämtliche Copra aufzukaufen, bevor die *Henry* eintrifft. Das ist Manwah ganz recht. Er hat beschlossen, zu den Inseln Aoba und Maewo im Osten zu fahren. Es findet sich ein kleines Boot, um Judy und mich zu dem Dorf am Südostende der Bucht zu fahren, wo ein Wagen auf uns warten soll. Wir wissen es noch nicht, aber der Wagen hat es nicht geschafft, und wir müssen mit unserer Ausrüstung durch den Dschungel zurückmarschieren.
Zwei Stunden später legen wir an einem verlassenen Strand vor einem kleinen Dorf an. Wir werfen noch einen letzten Blick auf die *Henry*. Sie ist nur noch ein kleines Pünktchen am Horizont mit Kurs gen Osten.

Die *Nebil*, vor Anker im Bosporus, wartet auf ihre nächste Ladung.

KAPITEL 11

Nebil

Der Bugatti unter den alten Frachtern

Die *Nebil* ist der Bugatti, der alte Ferrari unter den Frachtern. Sicherlich nicht im Hinblick auf ihre Geschwindigkeit, denn in voller Fahrt erreicht sie nur knapp über 10 Knoten. Ihre Linien sind es, die sie zu einer schwimmenden Klassikerin machen. Mit ihrem senkrechten Bug, dem anmutig proportionierten Deckshaus und dem altmodisch ausladenden Heck sieht sie aus, als sei sie mit einer Zeitmaschine aus dem Jahr 1914 in die Gegenwart gelangt.

Ihr Inneres läßt an Omas Svensons gute Stube denken. A. B. Lodose Varf., die schwedische Werft, hatte mit ihr bestimmt nichts Grandioses im Sinn gehabt, denn die *Nebil* sollte eigentlich als Küstenschiff Holz und Mischladungen in ihrem Heimatland transportieren und nur gelegentlich zu so entfernten Ländern wie Dänemark oder Finnland vorstoßen. Die erhalten gebliebenen Holzvertäfelungen bestehen zum großen Teil aus Kiefer. Die Kombination aus Messe und Salon zeigt ein einfaches, aber hübsches Sideboard sowie Tisch und Bank und wird mit einem alten Ölofen beheizt.

Das ursprüngliche Steuerhaus der *Nebil* stand den Elementen offen. Das ist im kalten Schweden nur schwer verständlich, bei vielen Küstenschiffen vom Anfang des Jahrhunderts aber durchaus üblich.

Offene Steuerhäuser fanden sich auf den meisten Ozeandampfern des 19. Jahrhunderts, doch zu der Zeit, als die *Nebil* entstand, hatten fast alle größeren Schiffe schon völlig geschlossene Steuerhäuser. Die *Nebil* wurde zweimal umgebaut, zum ersten Mal wahrscheinlich in den 20er Jahren und dann wieder 1959, als nach dem Vorbild des alten ein neues Steuerhaus gebaut wurde. Rumpf und Gerippe sowie die kettengetriebene Ruderanlage sind jedoch noch im Originalzustand.

Huseyin Avni Kalkavanlar, der türkische Eigner der *Nebil*, ist ein zufriedener Mann, der sein altes Schiff liebt. Mit Sicherheit hat er es gut gepflegt. Als Kalkavanlar die *Nebil* 1959 kaufte, baute er einen Zweitaktdiesel von Crossley ein, der auf einem britischen Minenräumer im 2. Weltkrieg und zwei anderen Küstenschiffen Dienst getan hatte, bevor er auf der *Nebil* ein neues Zuhause fand. Der Crossley wird schon längst nicht mehr produziert, so daß es schwer ist, Ersatzteile zu bekommen. Merkwürdigerweise werden jedoch bestimmte Teile wie Ventile und Ventildeckel in der Türkei hergestellt. Das könnte darauf hindeuten, daß noch ziemlich viele alte Crossleys im Lande Dienst tun.

Die *Nebil* transportiert Kohle, Salz und Holz von Schwarzmeerhäfen nach Izmet und Izmir. Weiterhin

Der Hilfssteuerapparat im Heck ist ein perfektes Beispiel für funktionelle Kunst. Wie der Rest des Schiffes ist er gut erhalten und voll funktionsfähig.

Das einfache Steuerhaus ist zwar nachträglich aufgesetzt worden, paßt aber so gut zu dem Schiff, daß es wie ein Originalteil erscheint.

Der Salon könnte ein Esszimmer in einem viktorianischen Landhaus sein. Man wäre kaum überrascht, wenn eine Großmutter den Kaffee auf dem gehäkelten Tischtuch servierte.

Der Elefantenfriedhof

1983, als eine weltweite Rezession den Handel und Warenaustausch drastisch reduziert, ist das Verschrotten von Schiffen ein gutes Geschäft. Zu Hunderten liegen die Schiffe still, leer und unbemannt, und warten schweigend auf ihre Vernichtung. Manchmal sind sie sauber vor Anker aufgereiht. An anderen Stellen liegen sie in wahllosem Durcheinander oder stützen sich gegenseitig wie Betrunkene. Wenn ein Schiff an der Reihe ist, wird es zunächst innen ausgeschlachtet; alles, was noch Wert hat, wird demontiert. Dann wird es mit Schweißbrennern in Stücke geschnitten, die klein genug sind, um auf ein anderes Schiff verladen zu werden, oder in noch kleinere Stücke, wenn der Transport zur Schmelze mit Lastwagen oder auf der Schiene erfolgen soll. Die alten Schiffe sind zuerst dran. Sie bringen am wenigsten und sind in der Regel am teuersten im Betrieb. Die Litanei ihrer Nachteile hat kein Ende: Der Rumpf schneidet nicht sauber durch das Wasser, so daß jeden Tag Tonnen von zusätzlichem Treibstoff gebraucht werden; das Ladegeschirr ist um 50 % langsamer als moderne Kräne; die Lukendeckel bestehen aus Planken, die einzeln nebeneinander über die Lukenöffnungen gelegt werden müssen. In so einem Fall brauchen vier Mann dann zwei oder drei Stunden, um einen einzigen Laderaum zu verschalen. Auf einem modernen Schiff braucht man für vier Laderäume nur dreißig Minuten, weil

Ein Wirrwarr von Küstenfrachtern wartet auf das Ende. Alle wertvollen Gegenstände sind bereits von den Schiffen geholt worden.

lädt sie riesige Marmorblöcke von fünfundzwanzig Tonnen auf der Insel Marmara. Diese Blöcke messen in der Regel 4 x 2,5 x 1,5 Meter und erfordern besonders schweres Ladegeschirr. Als die *Nebil* 1959 umgebaut wurde, installierte Kalkavanlar zu diesem Zweck einen stabileren Mast und neue Lister-Diesel für die Winden. Trotz der verdoppelten Tragfähigkeit der Ladebäume bleibt das Laden der Marmorblöcke ein gefährliches Unternehmen.

Die Tatsache, daß die *Nebil* ursprünglich von einer Dampfmaschine angetrieben und, wie gesagt, für den Holztransport gebaut wurde, ist schon so ziemlich alles, was über ihre Anfänge bekannt ist. In die Türkei kam sie 1952, gekauft von der Cerrahohullari Company, einer Großreederei für Massengutfrachter. Kalkavanlar ist ihr dritter türkischer Eigner, und es steht zu erwarten, daß er und sein Sohn sie so lange behalten, wie sie noch fährt. Es ist gut, daß die *Nebil* im Besitz eines Mannes ist, der sie schätzt; sie ist nämlich ein seltenes antikes Stück. Außerdem ist sie eines der schönsten alten Schiffe, die es auf der Welt noch gibt.

Der Tisch in der Messe ist groß genug für fast alle Besatzungsmitglieder der *Nebil*. Die Holztäfelung an den Wänden und an der Decke ist mindestens fünfzig Jahre alt.

Diese Abbruchwerft liegt in Pozzuoli unmittelbar nördlich von Neapel. Alte Schiffe in allen Größen liegen hier vor Anker, bevor sie verschrottet werden. In der Werft werden auseinandergeschnittene Stahlteile auf Leichter verladen. Schlepper ziehen die Leichter dann zu einer Schmelze, in der der Stahl eingeschmolzen wird.

nur ein Mann verschiedene Knöpfe drücken muß. Dazu kommt die Knappheit an Ersatzteilen. Versuchen Sie einmal, einen Kolben der Größe acht für einen Buckeye-Diesel aus dem Jahr 1949 zu finden, wenn die Buckeye Machinery Company schon seit fünfundzwanzig Jahren aus dem Geschäft ist. Manche alten Schiffe waren schlecht konstruiert. Sie haben verwinkelte Laderäume, die sich nur langsam und schwer füllen lassen, und weil die Statik nicht genau berechnet werden konnte, sind Gerippe und andere tragende Teile oft viel größer, als sie sein müßten, wodurch Tonnage und Tragfähigkeit beträchtlich verringert werden. Und immer der Ärger mit der alten Mechanik: Steueranlage, Winden, Ankerspills, Maschinen und Kühl- und elektrische Anlagen, die trotz ununterbrochener Wartungsanstrengungen dauernd ausfallen.

Außerdem ist es auf alten Schiffen schwerer, eine gute Mannschaft zu bekommen und zu behalten. Die Unterkünfte für die Matrosen sind in der Regel eng und schlecht beleuchtet. Im Süden gibt es keine Klimaanlagen, und im Norden reicht die Heizung meistens nicht aus. Kombüsen und sanitäre Anlagen sind antiquiert und, wohlwollend ausgedrückt, unhygienisch. Auf so manchem alten Schiff braucht man einen starken Magen, wenn man die Toiletten benutzen will.

In den meisten Industrieländern fahren die Matrosen heute nur absolut widerwillig unter solchen Umständen, und in vielen Ländern dürfen sie es auch gar nicht. Die alten Schiffe verstoßen gegen ganze Regale von Hygiene- und Sicherheitsvorschriften (manchmal auch gegen Umweltschutzbestimmungen), und ein solches Schiff den Vorschriften entsprechend umzurüsten, kostet oft weitaus mehr, als es wert ist.

Dann die Versicherung. Die Prämien für Rumpf und Maschinerie eines alten Schiffes liegen in der Regel 50 bis 100 % höher als für ein modernes Schiff. Gelegentlich kann gar keine Versicherung abgeschlossen werden oder sie ist so überteuert, daß die Eigner sie sich nicht leisten können. Sogar die Versicherung für die Ladung auf einem Schiff aus der Vorkriegszeit ist mindestens eineinhalbmal so teuer wie auf einem neueren Schiff. Daher ziehen es die meisten Versender hochwertiger Ladung gar nicht erst in Betracht, auf ein altes Schiff zurückzugreifen. In vielen Gegenden der Welt sind weder das Schiff noch die Ladung versichert, so daß jede Fahrt den Charakter eines Roulettespiels annimmt — oft stehen dabei mit jeder Umdrehung der Schiffsschraube die gesamten Ersparnisse des Eigners auf dem Spiel.

Es nimmt nicht Wunder, daß in schweren Zeiten die alten Schiffe in die Buchten vor den Abwrackwerften einlaufen, manchmal geschleppt, manchmal aus eigener Kraft, aber immer mit der stillen Perspektive der letzten Fahrt. Zum letzten Mal rauscht die Ankerkette durch das Klüsenrohr. Nachdem dann der letzte Matrose von Bord gegangen ist, herrscht wieder Schweigen, während das Schiff einsam auf den Schweißbrenner wartet.

Stauholz, mit dem die Ladung in den Laderäumen der *Kolpino* gesichert war, bleibt nach dem Entladen zurück.

KAPITEL 12

Kolpino

Der älteste Dampfer der russischen Ostseeflotte

Es war eine arbeitsreiche Woche gewesen. Judy und ich hatten unsere Arbeit auf den dänischen Inseln Aerø und Fünen beendet und waren nach Horsens gefahren, um eine Geschichte über einen kleinen Küstenfrachter zu schreiben. Auch das war jetzt erledigt. Es war Freitagabend, und wir befanden uns immer noch in Horsens, einer Industriestadt an der Ostküste Jütlands. Was unternimmt man Freitag abends in Horsens? Ein Matrose, mit dem wir über den dänischen Küstenfrachter gesprochen hatten, lud uns zu einem Drink in einer Matrosenkneipe am Hafen ein. Als wir eintrafen, war die Kneipe voll von skandinavischen Seeleuten, die ihren Hafenabend feierten. Die Atmosphäre erinnerte an eine Studentenkneipe. Von allen Seiten erklang rauhes Gelächter. Es war noch früh am Abend, doch manche Gäste waren schon auf dem besten Weg zum Samstagmorgenkater. Würfelbecher knallten auf die Theke als Begleitmusik für eine Sängerin, die aus der Musikbox einen dänischen Schlager zum Besten gab. Wir drängten uns durch die Menge und erblickten unseren Bekannten an einem Tisch am Fenster.

Soren (nicht sein richtiger Name) mußte schon seit einiger Zeit getrunken haben, wenn man sich die Zahl leerer Gläser ansah, die er vor sich stehen hatte.

Er war in verdrießlicher Stimmung. Seine Frau hatte sich ohne Angabe von Gründen vor einem Jahr von ihm scheiden lassen. Die Seefahrt brachte ihm Geld zum Leben ein, bedeutete ihm aber nichts Besonderes. Soren wechselte sich darin ab, uns im gebrochenem Englisch seine Sorgen zu erzählen und uns mit einer stetigen Folge von Aquavit und einem schrecklichen Gebräu auf Anisbasis mit dem passenden Namen »Nordsee-Öl« zu versorgen. Der scharfe Aquavit, eine Art Wodka mit Kümmelgeschmack, brannte mir ein Loch in den Magen. Wir drängten unseren Freund, etwas zu essen, aber er war noch nicht so weit. Während Soren uns zum dritten Mal über seinen Kummer berichtete, fiel mein Blick zufällig auf ein Schiff, das am Rande des Hafens lag. Es war ein Dampfer, aus dessen Schornstein eine schwarze Rauchwolke quoll.

Ich fragte Soren nach der Nationalität des Frachters, und er antwortete, es sei ein russisches Schiff. Ich schlug vor, ihm einen Besuch abzustatten und zu versuchen, an Bord zu kommen. Soren meinte mit Nachdruck, das sei nicht möglich, die Russen ließen keine Fremden an Bord. Ich gab nicht nach. Schließlich konnte ein Versuch nichts schaden. Soren antwortete, es habe keinen Zweck. Die Russen ließen nicht einmal Dänen auf ihre Schiffe und mit Sicher-

Der Offizierssalon könnte sich auf einem Schiff aus den dreißiger Jahren befinden. Ein wachsamer Lenin sorgt dafür, daß keiner der Speisenden vergißt, wo er ist.

Die *Kolpino* liegt unter einem verhangenen dänischen Himmel, während sie von den Kränen auf dem Dock entladen wird.

heit keine Amerikaner wie uns.

Er hatte recht. Wir schrieben das Jahr 1984 und die Beziehungen zwischen der Sowjetunion und den Vereinigten Staaten waren seit dem kalten Krieg in den 50er Jahren nicht mehr so schlecht gewesen. Sie waren sogar so schlecht, daß ich mich gar nicht erst bemüht hatte, von den sowjetischen Behörden die Genehmigung zu erhalten, über russische Schiffe zu schreiben. Aber direkt hier vor uns bot sich eine Gelegenheit, und sie war zu gut, um sie nicht zu nutzen. Ich erklärte Soren, daß Judy und ich versuchen würden, auf das russische Schiff zu kommen — mit ihm oder ohne ihn. Zögernd willigte er ein mitzukommen.

Wir drei machten uns auf den Weg. Als wir am Fallreep der *Kolpino* ankamen, sprach Soren auf Dänisch auf den Matrosen auf Wache ein. Ein russischer Offizier tauchte auf, und das Ganze ging von vorn los, wieder auf Dänisch. Dann wandte sich Soren zu uns und sagte mit verschwörerischem Lächeln: »Es ist gut. Ich habe ihnen gesagt, daß ihr schwedische Journalisten seid.«

Judy und ich waren erstaunt. Keiner von uns beiden sprach ein Wort Schwedisch, und da der Offizier, mit dem Soren gesprochen hatte, Dänisch konnte, verstand er bestimmt auch etwas Schwedisch. Der Offizier ließ uns an Bord kommen. Wir drei kletterten das Fallreep hinauf und wurden vom Dritten Offizier Igor Winogradow begrüßt. Mit Hilfe des Aquavit und, bei Judy, des »Nordsee-Öls« schafften wir es ziemlich gut, Sorens gebrochenes Englisch nachzuahmen. Das schien zusammen mit einem gelegentlichen *da* und *njet* einen eventuellen Verdacht aus dem Weg zu räumen. Glücklicherweise verzichtete der Offizier darauf, unser Schwedisch zu prüfen.

Winogradow genoß es anscheinend, uns sein Schiff zu zeigen, und er führte uns schnell über die Brücke und in den Maschinenraum. Der gutaussehende, umgängliche junge Mann war gebildet und sprach gutes Englisch — sicherlich besser als das, was wir von uns gaben. Er schien mit seiner Arbeit als Steuermann zufrieden zu sein und posierte für ein Bild, auf dem er an seinem Kartentisch einen Kurs absteckte.

Die *Kolpino* war ein interessantes Schiff. Nach den Maßstäben alter Trampschiffe war sie ziemlich modern, doch besonders unter Deck besaß sie die Atmosphäre der »guten alten Zeit«. Außerdem war sie einer der ganz wenigen Dampfer, die noch in Europa fuhren, und zudem der älteste Frachter der russischen Ostseeflotte: Eindeutig ein Kandidat für das Buch.

Ich erklärte Winogradow, was wir machten, und fragte, ob wir am nächsten Tag zurückkehren dürften, um über die *Kolpino* zu schreiben. Mit einem Achselzucken sagte er: »Warum nicht? Aber erst müssen Sie den Kapitän fragen und der ist jetzt nicht an Bord. Sie können morgen wiederkommen und ihn fragen.« Als sei es ihm gerade eingefallen, fügte er dann hinzu: »Haben Sie irgendwelche Papiere? Wir müssen dem Kapitän irgendetwas vorlegen.«

Ich erklärte ihm, ich hätte keine Papiere dabei.

»Kein Problem, kein Problem,« antwortete er. »Eine Visitenkarte reicht schon.« Seine Stimme ließ auf einen aufkeimenden Verdacht schließen.

Jetzt hieß es, die Zeche zu bezahlen. Ein langer Augenblick des Schweigens. Ich gab Winogradow meine Visitenkarte. Er blickte auf meinen Namen und Beruf, die Anschrift im Staat Washington und die Großbuchstaben am unteren Rand: USA. Er run-

Rechts: **Ein Matrose streicht den Davit eines Rettungsbootes.**

Die Kajüte des Ersten Offiziers Sergej Bobicol ist klein, aber gemütlich. Hinter dem Vorhang links verbirgt sich die Koje.

Maschinist Juri Poljakow (links) und Kadett Peter Suspizin posieren vor dem Maschinenraumtelegraphen und dem Gashebel.

zelte die Augenbrauen und sein Mund zeigte den Anflug eines Lächelns, das zu sagen schien: Hab ich dich also erwischt! Winogradow wäre in Hollywood nicht schlecht gewesen. Alles, was er sagte, war aber nur: »Kommen Sie morgen wieder.«

Die Chance, daß man es uns erlauben würde, über das Schiff zu schreiben, betrug nur eins zu einhundert, doch um 9.00 h am nächsten Morgen befanden Judy und ich uns wieder am Fallreep der *Kolpino*. Der Kapitän war immer noch nicht an Bord. Ein Matrose führte uns in die Kabine des Ersten Offiziers Sergej Bobicol. Dieser war ein ernst blickender Mann Anfang der Vierzig. Ich glaube, er war ein Eisenfresser. Wahrscheinlich war er der *Pompolit*, der Politkommissar, des Schiffes. Sorgfältig studierte er unsere Unterlagen. Dann hieß es: »Okay, gehen wir. Was möchten Sie sehen?«

Normalerweise braucht man mindestens vier Stunden, um etwas über ein Schiff schreiben zu können. In manchen Fällen verbrachten wir zwei oder drei Tage damit, mit der Mannschaft zu sprechen und das Leben an Bord zu photographieren. Aus Bobicols Verhalten wurde jedoch klar, daß wir heute vielleicht dreißig Minuten Zeit haben würden. Ich erklärte ihm, wir möchten die Brücke, den Maschinenraum, die Messe und die Kombüse sehen. Fast im

Laufschritt folgten wir dem Ersten Offizier, während Judy Aufnahmen machte, so schnell der Motor ihrer Kamera den Film transportieren konnte.

Die Brücke entsprach so ziemlich dem Standard eines Schiffes, das Ende der fünfziger Jahre gebaut worden war. Radar und Navigationshilfen sahen aus, als gehörten sie zur Originalausrüstung. Der Maschinenraum der *Kolpino* mit seinen ölbefeuerten Kesseln und der Vierfach-Expansionsdampfmaschine war weitaus interessanter.

In allen Gemeinschaftsräumen glänzten poliertes Holz und Messingarmaturen. Im Offizierssalon fanden sich Lampen aus geschliffenem Glas, feine Holztäfelungen und ein Lenin mittleren Alters, der von der Wand herabblickte. Salon und Offiziersunterkünfte ähnelten denen, die man auf einem westlichen Frachtschiff in den dreißiger Jahren gefunden hätte. Das Dekor war in warmen Farben gehalten und sicherlich ansprechender als das nüchterne Stahl-und-Kunststoff-Innere vieler Frachter von heute. Alles war ordentlich und sah gut gepflegt aus.

Die *Kolpino* fuhr normalerweise zwischen Leningrad und Häfen in Westeuropa. Auf dieser Fahrt hatte sie 750 Kubikmeter Furnierholz für Horsens und weitere 1.680 Kubikmeter für Antwerpen an Bord. Auf der

Dritter Offizier und Steuermann Igor Winogradow arbeitet am Kartentisch.

Rückfahrt sollte sie dann in Bremen Stahlblech für Leningrad laden. Das Laden und Entladen erfolgte nicht mehr mit Hilfe der Ladebäume und Dampfwinden des Schiffes. Dafür gab es jetzt besseres Gerät in den Häfen. Die *Kolpino* sollte nach Aussagen ihrer Offiziere bald verschrottet werden.

Interessante Gespräche mit den Besatzungsmitgliedern kamen leider nicht zustande. Das lag nicht nur an der fehlenden Zeit, sondern auch an Bobicol, in dessen Anwesenheit sich niemand freiwillig über sich selbst oder das Leben an Bord der *Kolpino* äußern wollte. Trotzdem war es eine willkommene Überraschung, daß wir, wenn auch nur oberflächlich, eines der ältesten russischen Frachtschiffe besichtigen und der Nachwelt erhalten durften.

Leben auf einem kommunistischen Schiff

Es wäre interessant, Karl Marx aus seinem Grab zu holen, auf ein modernes kommunistisches Schiff zu bringen und dann seine Reaktionen zu beobachten. Hundert Jahre nach der Marxschen Prophezeiung, daß aus der Umsetzung seiner politischen und gesellschaftlichen Theorien eine klassenlose Gesellschaft entstehen werde, ist von dieser Gesellschaft auf See noch nichts zu spüren — zumindest nicht auf sowjetischen Schiffen. Zwar läßt sich ein Schiff auf See in mancher Hinsicht genauso wenig demokratisch führen, wie sich ein Linienflugzeug durch Abstimmung unter den Passagieren fliegen läßt, aber es gibt doch Bereiche, in denen die Besatzungsmitglieder auf ihre Arbeits- und Lebensumstände Einfluß ausüben können. Auf vielen kommunistischen Schiffen, und zwar besonders sowjetischen, lebt die Besatzung jedoch nicht nur unter totalitären oder militärähnlichen, sondern auch unter sozialen Zwängen. Interessanterweise sind es jugoslawische Schiffe, also die Schiffe eines Landes, dessen wirtschaftliche Strukturen in vielerlei Hinsicht nur an den Kommunismus grenzen, auf denen Karl Marx sich möglicherweise am ehesten zuhause fühlen würde. In der Theorie ist der jugoslawische »Sozialismus mit Selbstbestimmung« ein Grundsatz, nach dem alle, die an einem Unternehmen beteiligt sind, in diesem Falle die Mannschaft und die Offiziere, Anteil an den Entscheidungen darüber haben, wie dieses Unternehmen geführt werden soll. Die Realität sieht etwas anders aus als die Theorie. Trotzdem dürfen jugoslawische Matrosen über ihre Arbeitszeiten oder andere Aspekte der Schiffsführung, die sich auf See auswirken, mitbestimmen. Nach Angaben von Übersetzern aus dem Westen und Beobachtern auf sowjetischen Fabrikfangschiffen gibt es kein russisches Gegenstück zu dieser jugoslawischen Art der Demokratie. Auch auf chinesischen Schiffen scheint so etwas nicht zu existieren, wobei allerdings die chinesischen Offiziere der Kritik durch ihre Mannschaft und die Mannschaft der Kritik der Offiziere unterliegen.

Die Chinesen behaupten, daß es auf ihren Schiffen keine Klassenunterschiede gebe. Aber auf chinesischen Schiffen wie auch auf sowjetischen und jugo-

Links: **Schornsteinabzeichen der chinesischen Ocean Shipping Company, der Flaggengesellschaft der VR China.**

Daneben: **Wang Young Shang ist politischer Kommissar auf der *He Ping 23*.**

Sergej Bobicol, Erster Offizier und politischer Kommissar auf der sowjetischen *Kolpino*, auf der Brücke.

Schornsteinzeichen der Losinjska Plovidba, einer staatlichen jugoslawischen Schiffahrtsgesellschaft.

slawischen Schiffen haben die Offiziere die besten Unterkünfte und essen in getrennten, luxuriöseren Salons. Auf chinesischen Schiffen findet zwischen Offizieren und Mannschaften mehr gesellschaftlicher Verkehr statt als auf osteuropäischen Schiffen. Auch auf manchen westeuropäischen, amerikanischen, kanadischen und australischen Schiffen verkehren Offiziere und Mannschaften weitaus mehr miteinander als auf den meisten russischen Schiffen. Bei den Mahlzeiten beispielsweise beginnen die niedrigeren russischen Offiziere nur selten ein Gespräch, reagieren aber, wenn ein solches Gespräch vom Kapitän oder vom Politkommissar ausgeht. Vielleicht der größte Unterschied zwischen dem Leben an Bord eines westlichen und eines kommunistischen Schiffes besteht in der Anwesenheit des »zusätzlichen Offiziers«, des Politkommissars, der auf jedem großen russischen oder chinesischen Schiff an Bord ist. Auf sowjetischen Schiffen bekleidet er die Position des Ersten Offiziers und wird als *Pompolit* bezeichnet. Sein chinesisches Gegenüber hat keinen Offiziersrang, sondern wird schlicht und einfach als politischer Kommissar bezeichnet. Sowohl die russischen als auch die chinesischen Politkommissare stehen dem Kapitän in Rang und Befehlsgewalt gleich, obwohl sie meistens

aus der Politik kommen und nur selten etwas über die Schiffsführung wissen. Weil die chinesischen und russischen Schiffskommissare wie ihre Ebenbilder in den Fabriken von der kommunistischen Partei bestimmt werden, haben sie an Bord des Schiffes ungeheure Macht und großen Einfluß. Niemand, nicht einmal der Kapitän, will mit dem Kommissar in Konflikt geraten.

Der politische Kommissar ist verantwortlich für politische Bildung, Moral und Disziplin der Mannschaft. Er zeigt ihr, wie die Partei welt- und innenpolitische Vorgänge sieht, und erläutert neue Grundsätze und Bestimmungen der Regierung. Außerdem verbreitet er Parteipropaganda. Disziplin und Produktivität werden durch Besprechungen mit einzelnen Matrosen und durch Mannschaftssitzungen beeinträchtigt, bei denen Druck auf die Gruppe oder den Einzelnen zur Anwendung kommt.

Lu Shu Ling, politischer Kommissar auf dem Frachter *San Jiang Kou*, erläutert seine Reaktionen auf zwei hypothetische Situationen, mit denen er auf See konfrontiert werden könnte. Ein junger Matrose, krank vor Heimweh nach Freundin und Familie, weigert sich, seinen Pflichten nachzukommen, und will in sein Dorf zurückkehren. Genosse Lu erklärt ihm: »Du bist wie ein Teil einer Maschine. Wenn dieses Teil versagt, funktioniert die ganze Maschine nicht richtig. Die kollektiven Bedürfnisse (unseres Landes) sind wichtiger als die Bedürfnisse oder Wünsche des Einzelnen. Deshalb mußt du deine Arbeit erledigen, und dann geht die Zeit (bis zum Urlaub) auch schnell vorbei.«*

In der zweiten Situation gerät ein Matrose dauernd in Auseinandersetzungen mit anderen Mitgliedern der Mannschaft; der Matrose beschuldigt die anderen, ihn zu ärgern, und behauptet, daß er sich nur verteidige. Genosse Lu antwortet: »Unser Schiff ist eine arbeitende Einheit. Dabei müssen sich alle einig sein. Wenn du dich schlägst, dann spaltet sich die Loyalität der Mannschaft. Nach Angaben der anderen sieht die Sache etwas anders aus. Sie haben bezeugt, daß du mit den Schlägereien beginnst. In China sehen die Augen des Volkes am deutlichsten.

---
* Chinesische Matrosen haben 82 Urlaubs- und Feiertage im Jahr.

Schlägereien sind gegen das Gesetz. Wenn du so weitermachst, wirst du eingesperrt, bis du deine Verfehlungen bekennst.«

Obgleich die Berufe in China und der Sowjetunion vom Staat zugewiesen werden, sind die meisten russischen und chinesischen Matrosen glücklich darüber, auf Schiffen zu arbeiten, und zwar besonders auf denen, die ausländische Häfen anlaufen. Russische Matrosen bekommen auf See in der Regel besseres Essen und höhere Löhne, und die Seeleute beider Nationen freuen sich über die Gelegenheiten, die Welt kennenzulernen und westliche Konsumgüter kaufen zu können. Letztendlich jedoch hängt die Lebensqualität für kommunistische Seeleute wie auch für Matrosen aus dem Westen zum großen Teil

davon ab, unter welchen Offizieren sie arbeiten. Wenn Kapitän, Offiziere, Ingenieure und politische Kommissare in jedem Sinne hochqualifiziert sind und sich um das Wohlergehen der Mannschaft sorgen, geht es dem durchschnittlichen Matrosen auf See gut.

KAPITEL 13

Lady Jillian

Rindertransport nach Tasmanien

Sie waren eine verwegen aussehende Bande. Springhead, Max, Shortfinger Sprocket jun., Jass und Sprocket sen . . . Während die ketschgetakelte *Lady Jillian* an den Kai in Launceston, Tasmanien, glitt, machte ihre Besatzung den Eindruck, als sei sie bereit, mit Enterbeilen aus der Takelage zu springen. Der schnurrbärtige und tätowierte Springhead führte den Steg, während Alf Ess, der Maschinist, ihn mit der Winde absenkte. Die Mannschaft stellte sich am Steg auf, der vom Laderaum der *Jillian* über das Deck zu den Viehgehegen am Ufer führte. Alle Männer waren mit Elektroknüppeln bewaffnet. Gebrüll erklang aus dem Laderaum. Eine ausgewachsene Kuh, das erste von 208 Hereford-Rindern, wankte den Steg herauf. Mit großen Augen und versteinert vor Angst blieb sie plötzlich stehen. Brüllend stauten sich die anderen Kühe hinter ihr und versuchten, die Köpfe in den Nacken zu werfen. Ein Besatzungsmitglied stieß der ersten Kuh einen Elektroknüppel in die Flanke. Der Schock ließ das verstörte Tier einen Satz vorwärts machen. Alle nachfolgenden Tiere erhielten einen elektrischen Schlag, der sie hinter dem ersten hersausen ließ. Innerhalb

von dreißig Minuten war das Schiff leer. Die Besatzung säuberte das Deck und den Laderaum mit heißem Dampf, und die *Jillian* war wieder ladefertig. Für die fünfzehnstündige Rückreise nach Flinders Island stand eine kleine, aber sehr wertvolle Ladung bereit: fünf preisgekrönte Santa-Gertrudis-Bullen.

Am Spätnachmittg begann das Laden. Die riesigen schokoladebraunen Bullen wollten jedoch absolut nichts mit der *Lady Jillian* zu tun haben. Mit Schaum vor dem Maul scheuten sie vor jeder Biegung des Stegs, bis eine Berührung mit den Elektroknüppeln sie wieder in Bewegung setzte. Konfus versuchte einer der Bullen, über das Gatter zu steigen, kam aber nur so weit, daß ein Vorderbein zwischen den Stangen baumelte. Das eineinhalb Tonnen schwere Tier schlug wild um sich, um wieder frei zu kommen. Ein kritischer Augenblick. Jass Cheema, der ihm am nächsten stand, mußte jetzt schnell und richtig reagieren. Eine falsche Bewegung würde dazu führen, daß der Bulle sich das festsitzende Bein brach. Jass stieß ihm einmal den Elektrostab in den Nacken. und der Schlag rief genau die richtige

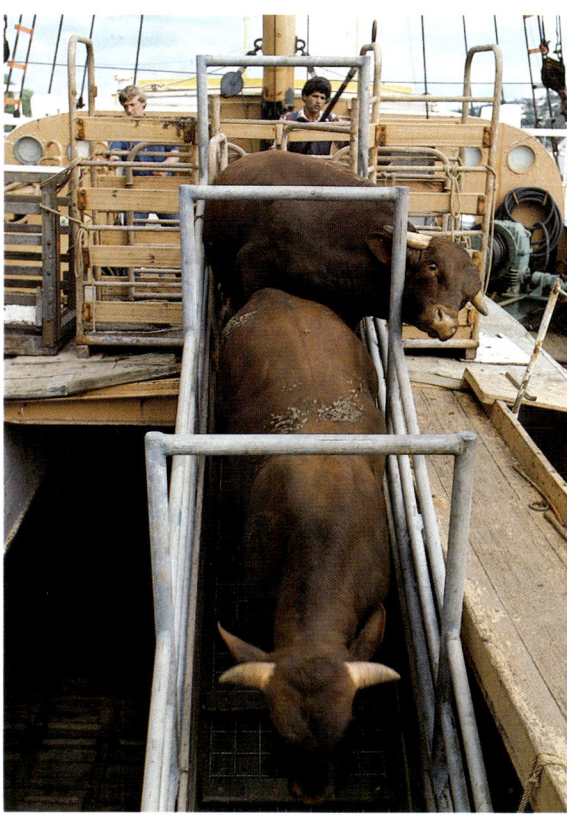

Linke Seite: Die *Lady Jillian* fährt auf dem River Tamar nach Launceston.

Dieser »Santa Gertrudis«-Bulle wird störrisch, als er für die Fahrt nach Flinders Island an Bord genommen wird.

Wenn alle Winkel und Ecken an Deck mit Schafen ausgefüllt sind, kommt noch eine Art Käfig auf die Laderaumluke.

Reaktion hervor. Der Bulle scheute zurück und befreite sich dadurch selbst. Die Männer kannten ihre Arbeit und erledigten sie mit einem Minimum an Gewalt.

Das Laden wurde ohne weitere Zwischenfälle beendet, und die *Jillian* suchte sich mit Kurs auf die Bass Strait und Flinders Island ihren Weg hinaus in den River Tamar. Ihre normale Fahrtstrecke führt die *Jillian* in die brüllenden Vierziger, den Bereich zwischen 40° und 50° südlicher Breite, der bei Seeleuten auf der ganzen Welt für seine furchteinflößenden Stürme und berghohen Seen bekannt ist. Das vom vierzigsten Breitenkreis zweigeteilte Flinders ist die größte einer windumtosten Ansammlung von Inseln und Felsen, die die Furneaux-Inselgruppe bilden. Die in der Bass Strait vor der Südostküste Australiens liegenden Inseln sind zweihundert Meilen von Melbourne und hundertzwanzig Meilen von Launceston entfernt. Im Osten gibt es auf tausend Meilen nur Wind und Wellen, bis man schließlich in Neuseeland eintrifft.

Flinders mit seiner welligen Hügellandschaft und den leeren weißen Sandstränden ist die Heimat von 150 000 Schafen, 20 000 Rindern und 1100 zähen, genügsamen und freundlichen Menschen. Viele Millionäre gibt es auf Flinders nicht. Neben Schaf- und Rinderzucht sind etwas Fischerei und gelegentlich einmal ein Tourist die wirtschaftlichen Grundlagen. Überfluß herrscht auf der Insel nur an Wildtieren. Man findet dort schweineähnliche Wombats, wie Dachse aussehende Beutelteufel (die einzigen Fleischfresser unter den Beuteltieren), rothalsige kleine Känguruhs und einige wenige tasmanische

Känguruhs zusammen mit Opossums, Cape-Barron-Gänsen und kurzschwänzigen Sturmtauchern. Leider betrachten die Inselbewohner ihre Nachbarn aus dem Tierreich als Ungeziefer, das mit dem Vieh um Nahrung konkurriert, statt als die potentielle Goldmine für den Fremdenverkehr, die sie sind. Die Kleinkänguruhs dienen den Fischern als Lobster-Köder, und die anderen Tiere werden wie selbstverständlich geschossen.

Die Abgeschiedenheit ist das größte Problem der Inselbewohner. Sie sind seit jeher von kleinen Schifffahrtsgesellschaften abhängig, um ihr Vieh auf den Markt zu bringen und sich all das zu beschaffen, was sie aus der Außenwelt benötigen. Zu oft waren die Schiffseigner nicht zuverlässig oder gingen auf lukrativere Märkte. Deshalb gründete 1969 eine Gruppe aus Farmern zusammen mit dem Ladenbesitzer die »Flinders-Strait Shipping Company«, als Transportunternehmen für die Inselgemeinde und die umliegenden Inseln. Neben der *Lady Jillian* betreibt die Firma den 350-Tonnen-Frachter *Katika* und die winzige *Flinders Triad*, die als Reservefahrzeug dient.

Die »Flinders-Strait Company« und ihre Schiffe haben den Inseln gute Dienste geleistet. Im Jahre 1983 transportierten die *Lady Jillian* und die *Katika* 7571 Rinder, 62247 Schafe und 6623 Ballen Wolle sowie 8 Schweine, 3 Hunde und 19 Pferde. Außerdem brachten sie von Cornflakes bis zu Autos alles nach Flinders, was die Leute dort brauchten. Dabei legte jeden zweiten Tag ein Schiff an der Insel an. Die Firma hat Flinders so weit gebracht, daß die Bewohner eine eigene Fluglinie ins Leben riefen, die mittlerweile drei de Havilland Herons und zwei Piper Navajos zwischen Melbourne, Flinders und Launceston einsetzt.

Die Teenager Max und Niel (Shortfinger Sprocket jun.) Pickett genossen ihr Abendessen aus Lammkoteletts (was sonst?), grünen Bohnen und Kartoffelbrei. Springhead hatte ein paar Tage frei und war an Land. Der Vater der Brüder, Sprocket Pickett sen., befand sich in der wandschrankgroßen Kombüse und

kochte. Shortfinger hatte noch einen Verband um den Daumen. Er nahm ihn ab und bewunderte den Stummel. Er hatte den Daumen zwischen zwei Teile des Ladestegs bekommen, als er das eine Teil an Ort und Stelle führte. Als die beiden Teile aneinandergestoßen waren, war ein Zentimeter seines Daumens zwischen ihnen zurückgeblieben. Er glaubte, daß der Finger vielleicht wieder nachwachsen würde, aber das würde wohl noch lange dauern.

Beide Jungen waren auf Flinders aufgewachsen. Shortfinger hatte es vor kurzem zu den hellen Lichtern von Launceston (65.000 Einwohner) gezogen. Max hatte beschlossen, auf der Insel zu bleiben. Der sechzehnjährige Shortfinger plauderte den Grund aus: »Der will da bald heiraten.«

Diese Enthüllung brachte ihm einen wütenden Blick von Max ein, der ihm sagte, er solle lieber den Mund halten.

Ich fragte die Brüder, wie das so sei, mit dem eigenen Vater zu fahren, ob er ihnen Ärger machte.

Max schüttelte den Kopf: »Nein, er ist zu klein.« Ein wild dreinblickender Sprocket sen. streckte den Kopf durch die Anrichte, hinter der er gelauscht hatte. Die Jungen lachten.

»Er ist schon in Ordnung,« gab Niel zu. »Wir haben ja schon ziemlich lange miteinander zu tun.«

Sprocket sen. nickte zufrieden und ging wieder an die Arbeit.

Jass Cheema stand am Steuer. Er stammte aus Nordindien, war nach Australien ausgewandert und hatte sich gleich mit dem angefreundet, was er dort vorgefunden hatte. In seinem Fußballtrikot sah der übersprudelnde junge Mann so aus, als würde er nirgendwo Anpassungsschwierigkeiten haben. Jass war seit drei Jahren zur See gefahren, bevor er auf die *Jillian* kam. Ich fragte ihn, ob er auch für eine indische Gesellschaft gefahren sei.

»Nein,« antwortete er lachend. »Für eine griechische. Meine erste Arbeit fand ich als Decksjunge. Wir fuhren überall herum, über den Atlantik, im Mittelmeer, im Roten Meer, nach Amerika — überall.«

Kapitän Garth Simms überprüft seine Position, als die *Lady Jillian* Kurs aus dem River Tamar in die Bass Strait nimmt.

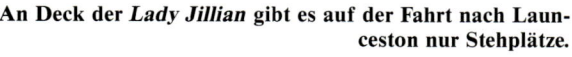
An Deck der *Lady Jillian* gibt es auf der Fahrt nach Launceston nur Stehplätze.

»War es schwierig, in Australien Arbeit zu finden?«
Jass nickte. »Wenn diese Firma hier nicht gewesen
wäre, hätte ich keine Arbeit gekriegt, weil ich nicht
in der Matrosengewerkschaft bin.«

»Und die nehmen keine Ausländer auf?« wollte ich
wissen. Jass zuckte die Achseln und blickte zur
Seite.

Die Nacht brach herein. Der Wind hatte aufgefrischt.
Er blies jetzt mit etwa zwanzig Knoten und kam von
Steuerbord achteraus. Gischt spritzte über den Bug
der kleinen *Jillian* und landete auf den fünf unglück-
lichen Bullen im Laderaum.

Garth Simms, der Kapitän der *Jillian*, ist durch und
durch Seemann. Er ist untersetzt, zäh und nachdenklich. Ein wenig gab er von sich preis: »Meine gesamte
Familie fuhr zur See: Brüder, Vater, Onkel usw., und
zwar auch schon, bevor sie aus der alten Heimat
Irland gegenüber der Küste von Cornwall hierher
kam. Curly Joe, der erste Simms, wanderte irgendwann im 19. Jahrhundert hier ein, 1840 oder so. Sie
arbeiteten alle als Fischer, und zwar mit der Hand-
leine. Einige tun das immer noch.«

Garth wurde vom Radargerät unterbrochen; es gab
den Geist auf. Er starrte eine Sekunde lang auf den
leeren Schirm, knipste an einigen Schaltern und
überprüfte dann die Anschlüsse. Nichts. Der Schirm

blieb leer, und die Sicht war schlecht. Garth rief Alf
»Fred« Ess vom Maschinenraum herauf, und
zusammen probierten die beiden am Radargerät
herum. Ess holte Werkzeug und etwas Isolierband,
nahm einen Stecker auseinander und brachte das
Radar wieder zum Funktionieren.

»Wie lange sind wir jetzt schon hier, Fred?« fragte
Garth. »69? Dann sind wir schon im fünfzehnten
Jahr. Davor war Fred auf dem kleinen Schiff, der
Triad, und ich war Kapitän auf einem ähnlichen
Schiff in Adelaide, Schwefelsäuretransporte. Zwölf
Jahre, für die Firma Crouch. Sie ließ die *Jillian*
bauen. Ursprünglich hieß sie *Jillian Crouch*. Hat
einen flachen Kiel für Flachwasser: Stahlgerippe,
Holzrumpf, drei Masten — Gaffelschoner. Diese
Schutenbauart war damals typisch in Südaustralien.
Sie eignet sich aber auch gut für unsere Zwecke hier.
In Whitemark (dem westlichen Hafen auf Flinders)
sitzen wir bei Ebbe auf jeder Fahrt zwei oder drei
Stunden lang auf dem Kiel.«

Garth dachte über seine Arbeit nach. »Die Sache mit
den Rindern ist schwierig. Wir müssen uns die ganze
Zeit über das Wetter Gedanken machen. Wenn es zu
schlecht ist, können wir speziell mit Rindern nicht
ausfahren. Sobald sie stürzen, fallen die anderen
über sie und es ist verdammt schwer, sie wieder auf

Blick auf die Marshall Bay auf Flinders Island, wo es mehr Schafe und Rinder als Menschen gibt.

die Beine zu bekommen. Außerdem ist es gefährlich, zwischen den Tieren zu arbeiten, wenn das Schiff rollt. Aber das Wetter hat uns bislang nur wenige Rinder gekostet. Wenn wir welche verlieren, wenn sie an Bord sterben, liegt das meistens daran, daß sie schon krank sind, wenn sie an Bord kommen. In der Regel geschieht das im Frühjahr, wenn sie frisches Raigras gefressen haben. Es geht ihnen gut, bis sie an Bord kommen, dann sterben sie wie die Fliegen. Die Mannschaft der *Jullian* kommt gut mit den Tieren zurecht,« fuhr Garth fort. »Dazu muß man schon wirklich etwas können. Besonders bei Rindern muß man genau wissen, was zu tun ist. Mit den Schafen ist das nicht so schlimm. Sie sind klein genug, daß man sie notfalls hochnehmen und auf den Armen transportieren kann. Mit den Rindern ist das jedoch etwas anderes. Für den Umgang mit ihnen muß man nachdenken und sorgfältig sein. Außerdem einfallsreich. Einmal hatten wir eine Ladung Buschrinder an Bord, die sich ineinander verkeilten und sich weigerten, den Steg zu betreten. Nun, der alte Sprocket wollte nicht mehr warten, ging zum Steuerhaus und ließ die Schiffspfeife ertönen. Die Rinder schossen förmlich aus dem Laderaum und waren in einer Minute an Land. Als er es später wieder einmal auf diese Weise versuchte, ver-

streuten sie sich in alle Winde.«

Der Kapitän nahm einen Schluck Tee. »Einmal befreite sich ein großer Stier und gelangte irgendwie in die Kombüse. Dort klemmte er sich ein und richtete ein fürchterliches Durcheinander an. Es war eine höllische Arbeit, ihn dort wieder herauszubekommen, weil niemand in die Kombüse hinein konnte. Zum Schluß hievten wir einen Mann mit Elektroknüppel über die Seite. Er streckte Kopf und Arme weit genug durch die Anrichte, um den Stier hinauszutreiben. Dabei fiel ihm aber der Knüppel weg. Er erzählte, der Stier und er hätten sich tief in die Augen geblickt, bevor er in der Lage gewesen wäre, langsam nach unten zu greifen und den Knüppel wieder aufzunehmen. Er schaffte es, den Stier wieder aus der Kombüse hinauszubekommen, meinte aber, beim nächsten Mal sei ein anderer an der Reihe.«

Garth Simms erzählte bis spät in die Nacht. Am nächsten Morgen befand sich die *Lady Jillian* in der felsigen, mit Untiefen übersäten Bucht am Südende der Insel. Der »Razorback Mountain« und die »Strezelecki Peaks« ragten in einen klaren blauen Himmel empor und bewachten die Einfahrt zum Hafen bei Lady Barron.

Die fünf Santa-Gertrudis-Bullen wurden ohne Pro-

bleme ausgeladen. Sie waren zweifellos ganz wild auf die grünen Weiden und die jungen Kühe auf Flinders Island. Die *Lady Jillian* nahm eine Ladung Schafe an Bord und war in einer Stunde schon wieder unterwegs.

KAPITEL 14

Pioneer

Ein alter Mann, sein altes Schiff und das Meer

Längsseits am Getreidesido in Aerøskøbing, Dänemark, liegt ein müder alter Küstenfrachter. Man hat tapfer versucht, ihn in Ordnung zu halten: Der Boden ist abgekratzt und frisch gestrichen, die Ankerwinde gerade geschmiert, und jemand hat damit begonnen, das alte Schlachtschiffgrau des Rumpfes schwarz zu überstreichen — dabei ist ihm aber die Farbe ausgegangen. Ein alter Mann tritt aus dem Deckshaus der *Pioneer*. In gebeugter Haltung und mit krummen, knotigen Fingern beginnt er, die Achterleine neu zu belegen. Er ist so in seine Arbeit vertieft, daß ihn wahrscheinlich nicht einmal eine Bombe stören würde, die direkt neben ihm explodierte. Der Mann ist Otto Gregersen, Eigner und Kapitän der *Pioneer*. Die *Pioneer* wurde 1899 gebaut. Sie ist wahrscheinlich das älteste Schüttgutschiff der Welt, das noch als Frachter fährt und sich nach wie vor im Originalzustand befindet (abgesehen von einer Umstellung von Dampf auf Diesel und einer kleineren Änderung an der Brücke). Otto Gregersen ist zwölf Jahre jünger als sein Schiff. Er ist wahrscheinlich der älteste alleinfahrende Seemann der westlichen Welt. Gregersen fährt seit mehr als sechzig Jahren fast ununterbrochen zur See; die *Pioneer* kommt auf fünfundachtzig Jahre.

Ihre Zeit ist jedoch bald gekommen. Der Rumpf der *Pioneer* ist teilweise so dünn und durchgerostet, daß man den Stahl mit Daumen und Zeigefinger abkratzen kann. Otto ist in einem etwas besseren Zustand, doch die Jahre auf See und in einem dänischen (Nazi-)Gefängnis fordern ihren Tribut. Dazu kommt ein weiteres Problem. Otto kann sich mit seinem Schiff kaum den Lebensunterhalt verdienen. In manchen Monaten hat er nicht genügend Geld, um einerseits das Schiff mit Dieselöl und andererseits sich selbst mit Nahrung zu versorgen. Er könnte vom Staat Unterstützung beziehen, aber das kommt so lange nicht in Frage, wie er das Schiff besitzt und arbeitet. Die *Pioneer* zu verkaufen und an Land zu leben, würde ihn umbringen, sagt Otto. Nur auf See ist er glücklich und zufrieden.

Judy und ich trafen Otto und seinen guten Freund, Erik Nielsen, in der malerischen Seefahrerstadt Aerøskøbing, deren Anfänge auf das 13. Jahrhundert zurückgehen. Aerøskøbing auf der kleinen Insel

Alter und schweres Leben haben ihren Tribut gefordert, seine Energie aber nicht gedämpft.

Linke Seite: Mit einer Ladung Rapssamen nimmt die *Pioneer* Kurs auf die Nordsee.

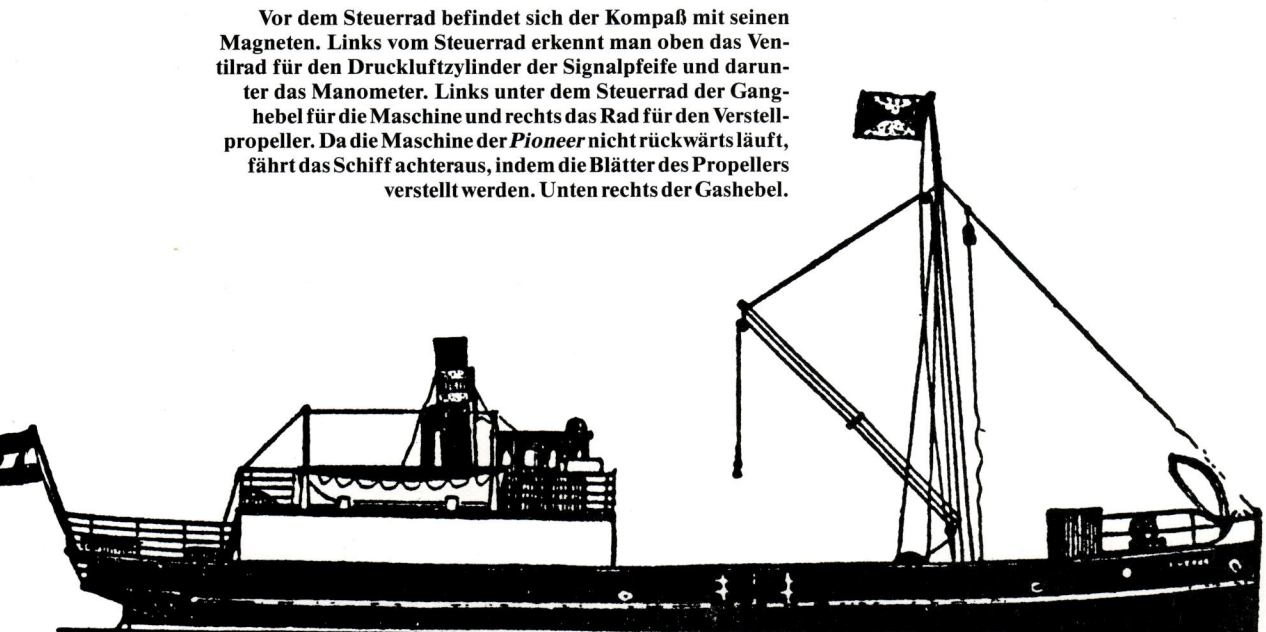

Aerø ist die einzige vollständig erhaltene alte Stadt in Dänemark. Otto hatte die *Pioneer* dort in eine kleine Werft gebracht, um den Schiffsboden neu zu streichen und das Ruder zu richten. Jetzt wurde sie mit Rapssamen beladen, der für einen größeren Getreidesilo im nahegelegenen Svendborg bestimmt war. Judy und ich luden unsere neuen Freunde zum Essen in einem der Hafenrestaurants ein. Otto aß wie ein Schwergewichtler und erzählte uns dabei etwas über die *Pioneer* und sich selbst.

Die *Pioneer* wurde in Danzig für Flensburg-Edensunder und Sonderburger, eine deutsche Dampfschiffahrtsgesellschaft, gebaut. Unter dem Namen *Express* und ausgerüstet mit einer 160-PS-Dampfmaschine fuhr sie für die Gesellschaft bis 1935 Fracht und Passagiere auf der gesamten Ostsee. 1935 war wohl auch das Jahr, in dem sie eines Nachts in der Nähe von Flensburg mit einem Passagierdampfer kollidierte und sank. Sie wurde gehoben und an eine Frau Marie Rassmussen aus Kiel verkauft, die sie reparieren und mit einer Dieselmaschine ausrüsten ließ; außerdem wurde die Brücke eineinhalb oder zwei Meter nach achtern versetzt, die einzige größere Veränderung am Schiff in fünfundachtzig Jahren. Die *Express* fuhr weiterhin Fracht zwischen deutschen Häfen sowie nach Schweden und Dänemark.

Ein kleines altes Arbeitsschiff ist alles andere als luxuriös, wie diese Aufnahmen von Kombüse und Toilette zeigen.

1939 ging sie in den Besitz von P. P. M. Jorgensen aus Aalborg über, der sie in *Rio* umtaufte. Irgendwie überlebte die *Rio* den Krieg, doch aus der ganzen Zeit ist nur bekannt, daß sie 1943 an einen Mann in Kopenhagen verkauft wurde, der den jetzigen Dreizylinderdiesel der dänischen Firma Volund installieren ließ.

Der Volund wird mit Druckluft gestartet, und weil kein Wendegetriebe vorhanden ist, erfolgt die Achterausfahrt bei der *Pioneer* mittels eines Verstellpropellers. Die *Pioneer*, sagt Otto, ist sehr sparsam im Verbrauch; bei normaler Fahrt mit acht Knoten verbrauchte sie weniger als sechsundzwanzig Liter Diesel in der Stunde.

Sie wurde noch weitere viermal verkauft, einmal 1947 und dann 1951 an Orla Nielsen aus Bandholm, die ihr den Namen *Pioneer* gab und sie als Paketboot einsetzte. Sie transportierte Mischladungen von Kopenhagen nach Saxkøbeing und auf dem Rückweg Fisch und landwirtschaftliche Produkte. Nach Nielsen kam noch ein weiterer Eigner, bevor Otto Gregersen sie 1981 für 53 000 Kronen (damals etwa 8 000 $) kaufte.

Die Geschichte der *Pioneer* ist langweilig im Vergleich zu der ihres Eigners. Otto Gregersen wurde 1911 in Thisted, einer Kleinstadt in Nordjütland, geboren. Sein Vater arbeitete als Baumpflanzer im Moor. Mit neun wurde Otto im Sommer zur Arbeit auf einen Bauernhof geschickt. Er (seine Familie) bekam für den gesamten Sommer 50 Kronen, und das für eine Arbeit von morgens vier bis abends neun. Er sagte sich, daß es schlimmer nicht kommen könne, und ging mit zwölf auf ein Fischerboot. Mit fünfzehn bekam er dann eine Koje auf einem schwedischen 200-Tonnen-Segler, der Holz nach England transportierte. Mit Ottos Worten: »Das Essen war nicht besonders gut — Heringe und Kartoffeln. Der Kapitän, nun, er trank jede Menge Schnaps, war aber nicht schlecht.«

Otto blieb ein Jahr lang auf seinem ersten Schiff und arbeitete dann vier Jahre lang auf einem Dreimaster, der Kohle aus Nordschweden nach Däne-

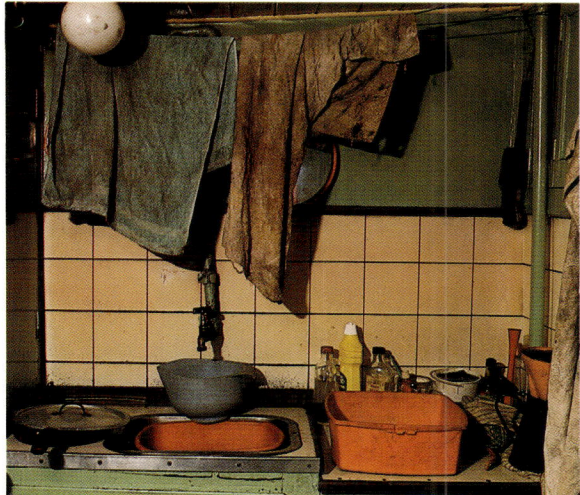

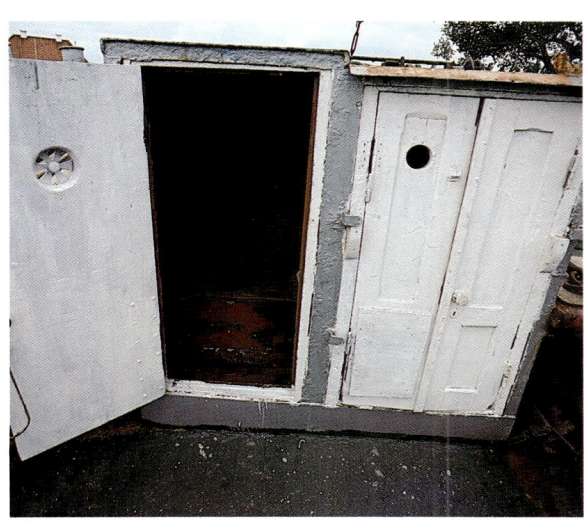

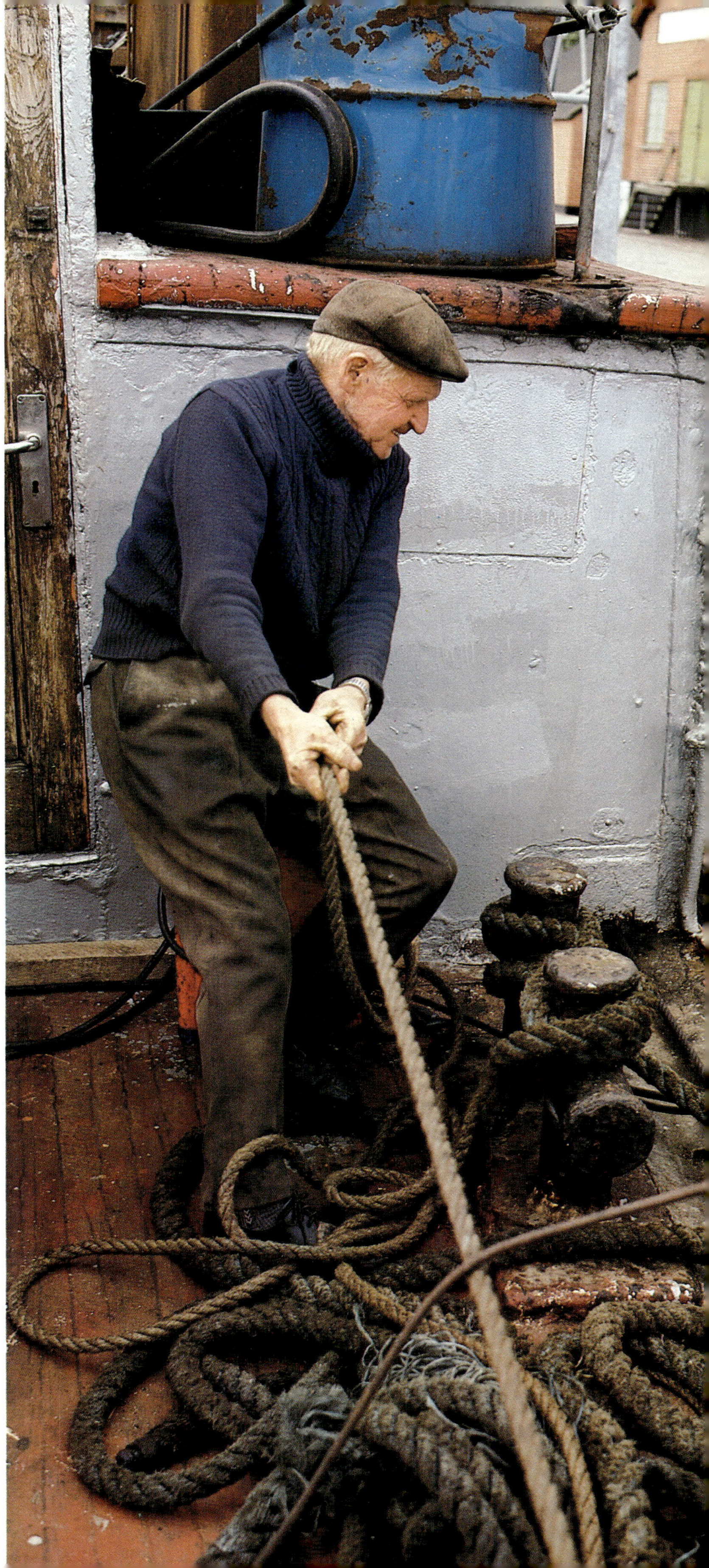

Rechts: **Otto Gregersen ist zwar schon über siebzig, kommt aber noch allein mit der *Pioneer* zurecht. Hier holt er eine Festmacheleine dicht.**

Aerøkøbing auf der Insel Aerø ist eine stille Seefahrerstadt aus dem 13. Jahrhundert. Sie ist die einzige vollständig erhaltene alte Stadt in Dänemark. Nur die Autos und die Kleidung der Bewohner sind ein Hinweis auf das 20. Jahrhundert.

mark brachte. Zu seinen Aufgaben gehörte es auch, in die Takelage aufzuentern. Auf die Frage, ob er Angst gehabt habe, schüttelt Otto den Kopf: »*Nein, nein, nein.*« Von der »Romantik der Seefahrt« habe er nichts verspürt, sagt er. Die Männer seien damals so arm gewesen, daß so ein Schiff einfach nur ein anderer Arbeitsplatz für sie gewesen wäre, eine Stelle, auf der sie sich das Geld zum Leben verdienen konnten. Die Besatzung arbeitete zwölf Stunden am Tag, sechs oder sieben Tage in der Woche, und erhielt dafür etwa 25 Kronen im Monat. Otto arbeitete bis zum 2. Weltkrieg auf Segelschiffen.

1940 fuhr er auf einem kleinen Handelsschiff, das Kohle nach Holland transportierte. Wegen der Verdunkelungsbestimmungen wurden nachts keine Lichter gesetzt. Das war gefährlich, denn überall gab es Minen. Otto erinnert sich, mehr als einmal Minen gesehen zu haben, die unschuldig an beiden Seiten des Schiffes vorbeitrieben. 1942 kaufte er ein zehn Meter langes hölzernes Fischerboot und begann mit dem Fischfang an der Ostsee. Kurze Zeit darauf wurde er von einem Mitglied der Fischerorganisation angesprochen, der ihn bat, von der Gestapo gesuchte Dänen aus dem damals besetzten Dänemark nach Schweden zu schaffen. Otto schmuggelte regelmäßig Juden und andere von der Gestapo gesuchte Menschen von Dänemark und gelegentlich von Holland aus nach Helsingborg in Schweden. Er versteckte die Flüchtlinge unter dem Fisch; sein Boot wurde auf jeder Fahrt von den Deutschen durchsucht. Sie entdeckten die Passagiere jedoch nie. Dann verpfiff ihn jemand.

Otto kehrte gerade aus Schweden zurück, und als er in den kleinen Hafen, aus dem er abgefahren war, einfuhr, wartete die Gestapo schon auf ihn. Otto kam in ein Nazi-Gefängnis in Dänemark und wurde gefoltert. Drei Monate lang überlebte er mit einer Schüssel Wassersuppe am Tag. Gerade als er in ein Konzentrationslager verlegt werden sollte, endete der Krieg.

In den Nachkriegsjahren fuhr Otto für die dänische Küstenwache und begann dann, zusammen mit ein

paar Partnern, kleine Küstenfrachter zu kaufen und zu betreiben. Einmal war er sogar Teileigner von vier Schiffen, die bis zu 1000 Tonnen groß waren. Auf dem einen oder anderen dieser Schiffe fuhr er als Kapitän an allen europäischen Küsten, ja sogar bis nach Nordafrika. Dann zog er sich aus dem Berufsleben zurück, hielt es an Land aber nicht aus und kaufte die *Pioneer.* Vor kurzem ist Otto nach Schweden gefahren und hat auf der Rückfahrt Holz für Dänemark, Deutschland und Holland mitgebracht. Er fährt allein und plant seine Fahrten so, daß er abends vor Anker geht oder in einem Hafen festmacht. Otto ist schon bis zu fünfunddreißig Stunden am Stück allein gefahren.

Ich frage Otto, ob er wieder zur See gehen würde, wenn er noch einmal vor der Wahl stünde? Das runzlige Gesicht verzieht sich zu einem Lachen, als er antwortet: »Sicher, warum nicht? Gibt es etwas Besseres?« Er sagt, er liebe die Seefahrt, liebe das Durcheinander auf einem Schiff — immer gebe es etwas zu tun. Etwas anderes könne er sich nicht vorstellen.

Am Abend holt Otto langsam und vorsichtig die Festmacher ein; dann nehmen er und seine *Pioneer* Kurs hinaus auf die Ostsee.

Ein Schiff für benachteiligte Kinder

Erik Nielsen, Kapitän der *Mars* und guter Freund von Otto Gregersen, dem Eigner der *Pioneer*, hat eine Mannschaft, die nur aus Jugendlichen besteht. Erik fährt jedesmal mit vier jungen Landratten aus und kehrt drei Wochen später mit vier »gereiften« jungen Maaten zurück. Ihr Alter liegt zwischen zwölf und zwanzig, meistens jedoch so etwa um fünfzehn Jahre. Sie sind entweder psychisch gestört oder leicht zurückgeblieben. Viele sind von der Familie ausgestoßen worden und befinden sich unter der Aufsicht des Staates.

Die Jugendlichen gehen zur Abaek-Schule, die 1969 gegründet wurde und unter der Leitung von Mons und Ruth Gens steht. Sie kann sechzig Kinder und Jugendliche aufnehmen und will mit ihren Programmen dazu beitragen, daß die Jugendlichen mit dem Leben zurechtkommen. Viele Schüler gehen bis zu ein Jahr lang zu dänischen Bauernfamilien. Einige Kinder machen Lehren in kleinen Tischlereien oder Autowerkstätten. Die Schule ist außerdem Eignerin der *Mars*, die sie 1980 von Erik erwarb, um auch Seefahrt in ihr Angebot aufzunehmen. Das Schiff fährt weiterhin als Küstenfrachter und transportiert Getreide und anderes Schüttgut zu dänischen Häfen.

Den meisten Jugendlichen gefällt es, auf einem Frachter zu fahren und zu arbeiten. Unter Eriks zurückhaltender Anleitung lernen sie, mit der Ausrüstung umzugehen und das Schiff zu fahren und instandzuhalten. Sie sind auch für den größten Teil der Kocherei an Bord zuständig. Manche, denen das Leben auf See ganz besonders hilft, können bis zu drei Monate lang an Bord bleiben. Wenn sie die *Mars* verlassen, sagen die meisten, sie würden später gern ganz zur See fahren. Auf See liegt die Betonung auf der Zusammenarbeit, die Bindungen zwischen den Jugendlichen entstehen läßt und sie ermutigt, ihre Probleme miteinander zu teilen und einander zu helfen. Außerdem bekommen sie aus der Beherrschung neuer Fähigkeiten Selbstvertrauen und lernen es, ohne fremde Hilfe zurechtzukommen.

Erik Nielsen, 42, fährt zur See, seit er 14 Jahre alt war. Er meint, seine gegenwärtige Arbeit sei lohnender, als einfach nur ein Frachtschiff zu betreiben. Die *Mars* ist so alt wie die *Pioneer*; sie wurde 1899

Kenneth, eines der jungen Besatzungsmitglieder der Mars, füttert die Schwäne, während das Schiff in Aerøkøbing festgemacht hat.

in Bremen als dampfgetriebenes Fischereifahrzeug gebaut. Seit damals wurde sie jedoch weitgehend umgebaut und hat keine Ähnlichkeit mehr mit dem Originalzustand. Obwohl sie so klein ist, dient sie mit ihrem Kapitän einem Zweck, der genauso wich-

Die Besatzung der *Mars*: Kenneth, Lars, Frederick und Claus mit Erik Nielsen, dem Kapitän.

tig ist wie der eines jeden Supertankers, wenn auch auf einer etwas niedrigeren Ebene.

KAPITEL 15

Adriatico

Pasta und Pumpen

Ein schläfriger Hahn kräht und erhält eine lebhafte Antwort aus der Ferne. Fußschritte hallen in den engen Kopfsteinpflastergassen wider, hölzerne Läden öffnen sich in der kühlen Morgenluft. Das pastellfarbene Dorf Procida erwacht. Die Mannschaft der *Adriatico* ist schon an Bord. Sie lichtet den Anker und löst die beiden Festmacher, die den Bug am Kai halten. Als die Sonne sich über dem kleinen Hafen der Insel erhebt, gleitet die *Adriatico* durch die Öffnung im Wellenbrecher und nimmt Kurs auf das Mittelmeer, um mit ihrer Tagesarbeit zu beginnen. Heute hat sie Zementsäcke und gußeiserne Wasserrohre an Bord; an ihrer Längsseite ist ein kleiner Leichter festgemacht. Auf dem Vorderdeck steht ein selbstgebastelter, aber wirkungsvoller Zementmixer. Selbst mit dem Leichter macht die *Adriatico* gut sieben Knoten. Sie ist auf dem Weg zum Westende der Insel, wo seit ein paar Monaten auf dem Meeresboden eine Leitung verlegt wird, mit der Süßwasser vom nahegelegenen Ischia herangeschafft werden soll.

An diesem prächtigen Septembermorgen ist die See ruhig und teilt sich leicht vor dem Bug des Frachters. Im Nordosten liegt eine Smogwolke über Neapel, doch weder diese Wolke noch die Meeresverschmutzung vor der Großstadt scheint bis hierhin gekommen zu sein.

Die sechsundsiebzig Jahre alte *Adriatico* braucht etwa 45 Minuten bis zu ihrem Ziel, einem Inselchen namens Vivara, das mit Procida durch eine dünne Landzunge verbunden ist, die einen natürlichen Damm bildet. Als das Schiff einen Punkt vor der einzigen steilen Anhöhe Vivaras erreicht, wird der Anker geworfen und eine Festmacherleine mit dem Boot zum Ufer gebracht und um einen großen Felsblock gebunden. Die Taucher treffen in einem Boot mit Außenbordmotor ein. Auf der *Adriatico*, die als Tauchtender sowie als Bauschiff und Frachter dient, summt es vor Geschäftigkeit wie in einem Bienenkorb.

Die *Adriatico* wurde 1906 gebaut. Sie ist einer der ältesten Frachter, die es in Südeuropa noch gibt. Ihr Eigner Gaetano Anzalone ist Besitzer einer Bootswerft auf dem Festland. Wie viele alte Schiffe, die

Der Mann an der Winde hat eine heikle Aufgabe. Auf offener See, manchmal bei starkem Wellengang, mit 140 kg schwere Rohren umzugehen, erfordert Erfahrung, Beweglichkeit und exzellentes Timing.

Linke Seite: **Nach erledigter Tagesarbeit liegt die *Adriatico* friedlich vor Anker, während die Sonne über dem Hafen von Procida untergeht.**

noch in Dienst stehen, nimmt sie im Herzen ihres Eigners einen besonderen Platz ein. Trotz dieser sentimentalen Gefühle muß sie weiterhin arbeiten und sich bezahlt machen. Es ist nicht einfach, Arbeit für sie zu finden. Sie ist ein winziges Fahrzeug, nur dreiunddreißig Meter lang, und das Fassungsvermögen ihres einzigen Laderaumes ist begrenzt. Große Ladungen oder lange Fahrten kommen nicht in Frage, und deshalb muß die *Adriatico* das nehmen, was sich bietet. Ein altes Trampschiff muß zusehen, daß es Arbeit bekommt, wo immer es möglich ist. Die Arbeit an der Wasserleitung ist eine gute Sache. Für fast ein halbes Jahr ist das Schiff beschäftigt und sind die Löhne der Besatzung bezahlt. Ihre übliche Ladung besteht aus Sand und Schotter,

den sie von einem Steinbruch auf der Insel für Hoch- und Tiefbauarbeiten nach Ischia und Procida nahe am italienischen Festland und zu den weiter entfernten Inseln Ponza und Tentotente ungefähr dreißig Meilen vor der Küste bringt. Bevor Anzalone sie kaufte, war die *Adriatico* im Besitz einiger Herren aus Palermo. Damals verbrachte sie ihre Zeit mit dem Transport von Kaolin, einem als Seifenbasis verwendeten Material, von einer Insel in der Nachbarschaft, wo es abgebaut wurde. Außerdem hat sie schon Dreck, Felsen für Wellenbrecher, Dünger und was man sich sonst noch vorstellen kann transportiert.

Sie hält sich gut. Ihr 1946 gebauter Vierzylinderdiesel von Ansaldo bringt nur 120 PS, treibt sie aber

Ein Mikrokosmos an Aktivität: Die *Adriatico* ist gleichzeitig Frachter, Tauchtender und Arbeitsboot. Hier wird ein Rohr aus dem Laderaum aufgeholt, um anschließend in das Wasser abgelassen zu werden. Längsseits liegt die Ramme für die Rohrhalterungen. Hinter dem Schiff das Motorboot der Taucher.

mühelos durch das Wasser. Ein Einzylinder-Lombardini treibt das Ankerspill und die einzige Winde an. Nach einem anfänglichen Husten und Spucken brummt der Lombardini vor sich hin wie ein neuer Rasenmäher. Der Rumpf der *Adriatico* weist Altersspuren auf. 1969 wurde ein neues Bugteil angebaut, um den Laderaum zu verlängern; man muß aber schon genau hinsehen, um die Schweißnähte zu erkennen. Die Arbeit wurde sehr sorgfältig ausgeführt: Zuerst wurde das Schiff unmittelbar vor dem Deckshaus auseinandergeschnitten, dann wurde das neue Teil angesetzt und schließlich wurden die beiden Stücke miteinander verschweißt. Daß kleine Frachter ein neues Rumpfteil bekommen, ist nichts Ungewöhnliches; dadurch kann man die Ladekapazi-

tät um bis zu 50 % erhöhen.
Rumpf und Deckshaus sind vor kurzem gestrichen worden, und die *Adriatico* sieht von außen wirklich tipptopp aus. Unter Deck zeigt sie die normalen Anzeichen eines langen, harten Arbeitslebens. Obgleich das Steuerhaus irgendwann in ihrer Laufbahn offensichtlich ersetzt wurde, zeigt sie immer noch große Ähnlichkeit mit dem Aussehen im Jahre 1906.
Eine Unterwasserleitung zu verlegen ist selbst bei gutem Wetter nicht einfach. Sobald die Strecke vermessen und markiert ist, müssen alle Hindernisse auf dem Meeresboden entfernt werden, notfalls durch Sprengungen. Wenn der Meeresgrund nicht aus Fels besteht, auf den man Beton gießen kann,

Gespräche am Zementmixer. Die Männer arbeiten schwer, vergessen aber dabei die Geselligkeit nicht.

Links: **Platzangebot und Luxus in dieser Matrosenkajüte entsprechen nicht unbedingt dem Standard der *Queen Mary*.**

Daneben: **Sergio, Maat und Maschinist des Schiffes, kann auch mit der Winde umgehen. Sein Arbeitsanzug dient eher der Bequemlichkeit als dem guten Aussehen.**

Seeleute fühlen sich der Gefahr näher als die Menschen an Land. Das ist vielleicht der Grund dafür, daß auf dem Trampschiffen oft religiöse Ikonen und Bilder anzutreffen sind, seien die Besatzungsmitglieder nun Christen, Buddhisten, Moslems oder Hindus. Diese Bilder hängen am Schott des Steuerhauses direkt hinter dem Steuerrad.

tritt die Ramme in Aktion und treibt Stahlstangen in den Grund, die als Anker für den Beton dienen, auf dem die Leitung ruht. Sobald die Stahlstangen an Ort und Stelle sind, wird ein spezieller schnellabbindender Beton gemischt und durch einen langen Schlauch nach unten gepumpt. Bevor der Beton abbindet, werden Halterungen hineingesteckt, die die einzelnen Rohre an Ort und Stelle festhalten. Es wird jeweils ein fünf Meter langes Rohrstück zu den Tauchern abgesenkt, die das Rohr auf dem Beton befestigen, mit dem vorhergehenden verbinden und die Halterungen anziehen. Wenn das Rohr gesichert ist, fährt das Schiff zum nächsten Abschnitt der Leitung.

Die Männer auf der *Adriatico* arbeiten gut zusammen. Sie sind lange genug dabei, um zu wissen, was zu tun ist und wie es am besten erledigt wird. Aber sie sind eben Italiener, und jede Phase der Arbeit geht unter freundlicher Konversation und gutmütigem Geschrei vonstatten. Gelegentlich bricht ein Streit aus, der aber in der Hitze des Morgens innerhalb weniger Minuten wieder vergessen ist.

Michele Mataren, der Kapitän der *Adriatico*, ist ein strenger Aufseher. Er duldet keinen Unsinn von Seiten der Männer und achtet ununterbrochen darauf, daß die Arbeit möglichst reibungslos abläuft. Er strahlt ein tiefes Verantwortungsbewußtsein aus, eine Ehrenhaftigkeit, die ihn darauf zu achten zwingt, daß er und seine Mannschaft Leistung bringen, daß sie ihr Äußerstes geben, um seiner Verantwortung für die Aufgabe gerecht zu werden. Auf einem kleinen Fahrzeug wie der *Adriatico* muß der Kapitän genauso arbeiten wie seine Mannschaft, und das tut Mataren. Außerdem ist er ein kräftiger Mann. Er scheint zwar Anfang fünfzig zu sein, sieht aber so aus, als könnte er ohne Probleme jeden beliebigen jüngeren Mann aus seiner Mannschaft aufs Kreuz legen und würde das auch tun, wenn es notwendig wäre.

Wie die meisten Kapitäne scheint sich Mataren instinktiv der Notwendigkeit bewußt zu sein, einen gewissen Abstand zur Mannschaft zu halten. Dieser Grundsatz gilt auf der ganzen Welt: Ein Kapitän muß sich zurückhalten, damit er sein Schiff wirkungsvoll führen kann. Es gibt so eine Art Respekt, vielleicht mit einem Anflug von Ehrfurcht, der in der Regel verloren geht, wenn die Männer sehen, daß ihr Kapitän der gleiche Mensch wie sie ist, mit denselben Ängsten, denselben Problemen und denselben Fehlern. Aus diesem Grund sind die meisten Kapitäne in Gesellschaft reserviert und ruhig und keine guten Gesellschafter. Die meisten Kapitäne sind einsame Männer.

Heute morgen wird auf der *Adriatico* Beton gemischt, und das ist ein langsamer, schmutziger und mühsamer Vorgang. Sack auf Sack wird aufgeschlitzt und in den elektrischen Mischer an Deck geleert; Sand wird hineingeschaufelt und Wasser zugegeben. Die Brise verteilt den Zement über alles und jeden auf dem Schiff. Nach einer Weile sieht die Mannschaft aus, als habe sie sich zum Fasching kostümiert. Der Beton wird zu den Tauchern hinuntergepumpt. Zwischen den einzelnen Pumpgängen kommen die Taucher herauf, um ihre Flaschen an einem kleinen Kompressor vor dem Steuerhaus aufzufüllen. Ein Matrose, der auch als Koch fungiert, muß sich am Heck verstecken, damit die Kartoffeln für das Essen nicht mit Zement bestäubt werden.

Zwischen Sergio, dem gutmütigen Maschinisten und Maat und dem Kapitän bricht ein Streit aus. Die Ursache ist nicht ersichtlich, aber die Sache ist offensichtlich ernst. Sergio, der nur eine knappe Badehose trägt und sich seines Körperbaus sehr wohl bewußt ist, und der Kapitän schreien sich an. Der Streit wird hitziger, die beiden kommen sich immer näher, bis sie fast Brust an Brust stehen und es so aussieht, als gäbe es gleich eine Schlägerei. Man wartet direkt darauf, daß die Fäuste fliegen. Die anderen Besatzungsmitglieder versuchen, nicht zu offensichtlich hinzustarren. Gerade als es den Anschein hat, daß ein Boxkampf der einzige Ausweg ist, erklärt Kapitän Mataren dem Maat, wenn es ihm hier nicht gefalle, könne er sich einen anderen Job suchen. Ser-

Links: **Michele Mataren, Kapitän der *Adriatico*, arbeitet Seite an Seite mit seinen Männern. Er ist ein strenger Führer, der keinen Unsinn von Seiten seiner Mannschaft duldet.**

Rechts: **Der Schiffskoch schneidet Kartoffeln für das Mittagessen. Er versorgt nicht nur die Mannschaft, sondern auch die Taucher, Regierungsbeamten und alle, die zufällig gerade an Bord sind.**

gio tritt einen Schritt zurück und dreht sich um. Die Arbeit geht weiter.

Am Nachmittag beginnt man damit, Rohre zu den Tauchern abzulassen. Unglücklicherweise hat der Wind aufgefrischt, und die kurzen Wellen lassen die kleine *Adriatico* hin und her schwanken.

Das macht das Entladen der Rohre zu einem gefährlichen Unternehmen. Die einzelnen Rohre sind knapp fünf Meter lang und wiegen fast hundertvierzig Kilogramm. Sergio geht an die Winde. Zwei Matrosen sind im Laderaum. Zwei weitere stehen oben an der Luke und versuchen, das Rohr zu führen. Die Taucher sind unten, bereit, die Kette um das Rohr zu lösen. Wenn die *Adriatico* plötzlich stampft oder rollt, während die Taucher die Kette abnehmen, könnten sie sich bös verletzen.

Der Windenmotor erwacht zum Leben. Ein Rucken der Kupplung und die Trosse beginnt, sich um die Trommel zu winden. Weil die *Adriatico* in den kurzen Wellen rollt, will Sergio das Rohr schnell vom Schiff frei und in das Wasser bekommen. Das erste Rohr rauscht aus dem Laderaum. Während jedoch das eine Ende aus der Luke auftaucht, schwingt das Rohr wild hin und her und knallt gegen den Rand, bevor der Rest frei ist. Das Rohr schwingt über das Deck. Der eine Matrose duckt sich, der andere versucht, das Ende mit der Hand zu fassen. Er wird von den Füßen gerissen und in dem Bruchteil einer Sekunde, bevor er die Hand wegnehmen kann, fast über Bord geworfen. Das Rohr klatscht in das Wasser.

Als die lose Trosse anzeigt, daß das Rohr auf Grund liegt, tritt für ein paar Augenblicke Ruhe ein. Dann, nach einem Signal des Tauchers im Motorboot, das als Tender für die anderen Taucher unten dient, wird die Trosse aufgeholt. Der ganze Vorgang wiederholt sich viermal mit der einzigen offensichtlichen Nebenwirkung, daß der Lukenrand ein paar weitere Dellen erhält.

Als die Taucher später aus dem Wasser kommen und ihre Flaschen abnehmen, zeigen sich die Auswirkungen der kleinen kurzen Wellen. Der untersetzte Vorarbeiter der Taucher wühlt im Medizinschrank des Schiffes nach einer antiseptischen Salbe, die er sich auf die Schulter schmiert. Er hat eine häßliche Schramme, um die herum die Haut schon schwarz wird. Er erzählt, daß er gerade das eine Rohr löste, als die Trosse sich durch das Rollen des Schiffes straffte und das Rohr heraufriß und ihm gegen die Schulter schmetterte, bevor er sich bewegen konnte. Er meint, er habe noch Glück gehabt. Das Rohr sei ihm fast gegen den Schädel geknallt.

Die Tagesarbeit ist beendet. Die Taucher rauschen in ihrem Motorboot davon. Die Mannschaft der *Adriatico* lichtet den Anker und bereitet sich auf die Heimfahrt vor. Für sie war es ein weiterer Tag, eine weitere Lire. Und für die *Adriatico* war es nur ein weiterer Tag zu den mehr als 27.000 Tagen, die sie sich schon im Dienst befindet.

Auf Schmuggelfahrt

18. März 1981 — 0.45 h. Fünfundsechzig Meilen südöstlich von Neapel überprüft der grauhaarige Kapitän der *Celeste B* seinen Kompaß, während er sein Schiff langsam auf neuen Kurs bringt. Die *Celeste* ist ein in Zypern registrierter heruntergekommener 450-t-Küstenfrachter. Sie ist der Abschaum der See, nur wenig beeindruckender als ein Müllschiff, und hat in den dreißig Jahren ihres Bestehens immer nur das transportiert, was im Mittelmeer an Ladungen übrigblieb.

Der Kapitän steht seit zwei Stunden am Steuer. Die *Celeste* liegt auf einem Kurs, der in die Bucht von Neapel führt, so daß sie sich unter den normalen Schiffsverkehr mischt, der auf dem Radar italienischer Patrouillenboote erscheint. Der Kapitän des kleinen Frachters hat nur wenig geschlafen, ist aber aufs Äußerste gespannt und wachsam. Seine Augen suchen in der Schwärze der Nacht nach anderen Schiffen. Weit im Westen glimmen die Lichter eines großen Tankers, der sich seinen Weg nach Norden sucht. Sonst ist nichts zu sehen. Das schwache Grün des Radargerätes und das Kompaßlicht der *Celeste* sind die einzigen Lichtquellen.

Etwa dreißig Meilen südlich von Neapel nähert sich die *Celeste* langsam der Küste. Vor ihr liegt die zerklüftete Amalfi-Halbinsel. Ihre nach Norden und Süden verlaufenden unregelmäßigen Klippen schirmen den Frachter vor den Radargeräten der Marine ab. Die Positionslichter der *Celeste* sind abgedeckt; alle anderen Lichter auf dem Schiff sind aus. Mit Ausnahme des Kochs, der schläft, sind die sieben Matrosen, alles Zyprioten, genau so nervös wie der Kapitän.

Weniger als eine Meile vor dem Ufer wird die *Celeste* langsamer. Bei etwa eintausend Metern läutet der Maschinentelegraph stopp. Aus einer Felsnische im Osten blinkt ein Licht, verlöscht, blinkt wieder. Das Fallreep der *Celeste* geht über Bord, dann ist alles wieder ruhig. Die Männer an Bord sind unruhig und verfluchen die Italiener. Fünf Minuten vergehen, dann noch einmal fünf. Schließlich ertönt aus der Dunkelheit ein leises Pochen.

Ein Fischerboot kommt längsseits, und vier Italiener klettern das Fallreep empor. Einer trägt eine Aktentasche; alle sind bewaffnet. Es dauert länger, als es den Italienern gefällt, bis der Kapitän das Geld gezählt hat. Er erklärt ihnen, es wäre schneller gegangen, wenn sie

anstelle von Lire Dollar mitgebracht hätten. Schließlich nickt er, und drei Italiener beginnen zusammen mit einigen Besatzungsmitgliedern, Pakete in schwarzer Plastikfolie zum Fischerboot zu tragen. Jedes Paket enthält zehn Kiloblocks Haschisch. Insgesamt sechzig Pakete wechseln das Schiff. Die Besucher legen ab, und die *Celeste* nimmt Kurs auf Neapel, um dort auf ihre Getreideladung für Limassol zu warten.

Beim Verkauf in Rom oder Mailand brächte das Haschisch mehr als 2 Millionen Dollar ein. Eigner, Kapitän und Mannschaft der *Celeste* dürften für den Transport vom Libanon oder von Ägypten aus den Gegenwert von 75.000 $ erhalten haben. Da die Profite aus dieser einen Fahrt wahrscheinlich über das hinausgehen, was die *Celeste* in einem Jahr mit legaler Fracht verdienen könnte, ist es nicht schwer zu verstehen, warum der Eigner und die Besatzung in den Drogenhandel verwickelt sind oder warum es heute so viele Rauschgiftschmuggler gibt.

Diese Geschichte ist zwar nicht wahr, aber typisch für das, was tagtäglich im gesamten Mittelmeer und fast überall auf der Welt passiert. Der Schmuggel ist ein gigantisches Geschäft. Die jährlichen Bruttoeinnahmen im Schmuggelgeschäft übersteigen wahrscheinlich das Bruttosozialprodukt eines jeden Landes auf der Erde mit Ausnahme vielleicht desjenigen der Vereinigten Staaten.

Rauschgift bildet die Hauptumsatzquelle des Schmugglers, gefolgt von Waffen. Wer kennt das nicht: Opium, Heroin und Haschisch aus Burma, Thailand, Laos, der Türkei, dem Nahen Osten und Nordafrika für die Vereinigten Staaten und Europa, Kokain und Marihuana aus Mexiko, Kolumbien und anderen lateinamerikanischen Staaten für die USA, Kriegswaffen für Asien, Afrika und Lateinamerika; und das mit dem illegalen Verkauf des einen Gutes verdiente Geld dient oft für die Bezahlung des anderen.

Aber Rauschgift und Waffen bringen den Schmugglern zwar am meisten ein, bilden aber nur einen kleinen Teil des Gesamtumsatzes im Schmuggel. Allein im Mittelmeer werden riesige Mengen alltäglicher Güter illegal vom einen ins andere Land geschafft. Zigaretten und Likör werden nach Italien geschmuggelt, um die hohen Importabgaben und Verkaufssteuern zu umgehen. Aus dem gleichen Grund gelangen Konsumgüter nach Grie-

chenland. Westliche Kleidung, Kosmetika und andere Konsumgüter werden über die Schwarzmeerhäfen in die Sowjetunion geschmuggelt. Dort werden sie gegen alles eingetauscht, was die Russen in ihren Fabriken stehlen können, in der Regel Lastwagenreifen und Batterien, Benzin und manchmal Munition. Diese Dinge werden dann in der Türkei verkauft, und zwar zusammen mit geschmuggelten Zigaretten, Arzneimitteln, Autoteilen und anderen europäischen und amerikanischen Produkten, die legal nicht eingeführt werden dürfen, weil der Staat darauf bedacht ist, seine knappen Devisen zu sparen. Die Liste ist endlos, der Schmuggel hört nicht auf. Auf jeden Schmuggler, der verhaftet wird, kommen dreißig, die nicht erwischt werden.

Überwiegend sind es kleine Küstenfrachter, mit denen Schmuggelware in die Küstenländer gelangt. Sie haben in der Regel nur wenig Tiefgang, so daß sie in abgelegene Buchten und Flußmündungen einfahren können, und trotzdem genügend Laderaum, um große Mengen an Schmuggelgut zu transportieren. Wenn die Schiffe von den Behörden aufgebracht werden, werden sie leicht von den Eignern abgeschrieben, weil sie nicht teuer sind.

In manchen Gegenden der Erde ist die Schmuggelei eine so tief verwurzelte Tradition, daß sie für die Gesellschaft nichts Ehrenrühriges ist. Die folgende Geschichte ist ein gutes Beispiel dafür. Ich charterte einmal einen Frachter, um Holz von Indonesien nach Kaohsiung auf Taiwan zu transportieren. Das Schiff hielt unterwegs ein paar Stunden in Singapur, um Treibstoff zu bunkern. Kaum hatte es am Dock festgemacht, als die gesamte chinesische Mannschaft auch schon von Bord ging. Der Kapitän und die anderen norwegischen Offiziere versuchten, die Leute aufzuhalten, und drohten damit, daß sie ihre Jobs verlieren würden, wenn sie nicht sofort zurückkehrten. Die zwanzig Chinesen, die über das Dock davonrannten, hörten und verstanden jedes Wort, wendeten sich aber nicht einmal um. Sie rasten nach Singapur hinein, um Kräuter, Salben und Elixiere vom chinesischen Festland zu kaufen, die von Auslandschinesen sehr geschätzt werden, vom antikommunistischen taiwanischen Staat aber verboten sind. Die Matrosen meinten, es sei ihr natürliches Recht, zu schmuggeln, wenn sie es wollten, und sie wußten, daß das Schiff weder kurzfristig eine neue Mannschaft fin-

Der 300-t-Küstenfrachter *Hetty* mit 10 000 kg Haschisch im Wert von etwa 52 Millionen Dollar wird vom Kutter *Vigorous* der US-Küstenwache in den Hafen eskortiert. Die *Hetty* wurde am 2. November 1983 auf der Fahrt von Port Said in Ägypten nach Philadelphia neunzig Meilen östlich von Cape May in New Jersey aufgebracht. Das Haschisch war in der Holzladung versteckt.

ein wenig enttäuscht, daß seine Investitionen verloren waren. Es ist schwer zu sagen, wie die Gewinn- und Verlustrechnung für den Schmuggler ausgesehen hätte, doch Sie können sicher sein, daß *er* sich darüber vorher Gedanken gemacht hatte und zu der Entscheidung gekommen war, daß das Risiko sich lohne. Darauf kommt es jedoch nicht an. Sicher war, daß für diesen chinesischen Herrn nichts Unmoralisches oder Unethisches an seiner Handlungsweise war. Das Schmuggeln war für ihn einfach nur eine andere Art von Geschäft, und niemand konnte ihm das Recht nehmen, sich in diesem Geschäft zu versuchen. Dieselbe Einstellung findet sich bei einem Großteil der Weltbevölkerung. Soziales Bewußtsein spielt in den Motiven eines Großteils der Menschheit keine Rolle mehr. Wahrscheinlich hat es das auch nie getan. Deshalb läßt sich der Schmuggel, eines der lukrativsten Verbrechen auf der Welt, auch nur durch Angst vor Strafe oder fehlende finanzielle Anreize eingrenzen. Aber auch in den Ländern, in denen erwischten Schmugglern drakonische Strafen drohen, geht der Schmuggel weiter, wenn auch etwas vorsichtiger. Und weil sich der Profitanreiz wahrscheinlich kaum beseitigen läßt, werden die *Celestes*, Waffenschieber, Schmuggeltransporter und auch die gelegentlichen Hüftgürtelschmuggler weiterhin ihrem gefährlichen Gewerbe nachgehen, wie sie es immer getan haben.

den noch ohne sie abfahren konnte. Der Kapitän postierte zwei Offiziere an der Gangway, um das Schmuggelgut zu konfiszieren, doch es war zwecklos. Irgendwie schaffte es die Mannschaft, riesige Mengen Pharmazeutika an Bord zu schmuggeln.
Kaum war der Frachter im Hafen von Kaohsiung vor Anker gegangen, als auch schon ein Boot längsseits kam. Dutzende von uniformierten Zöllnern schwärmten über das Fallreep an Bord. Sie kannten ihren Job. Jeder Zoll des Schiffes wurde auseinandergenommen. An Deck bildeten sich Stapel mit entdeckter Schmuggelware. Natürlich hatte die Mannschaft nichts unter dem eigenen Besitz oder in den eigenen Unterkünften versteckt, so daß nicht mehr festzustellen war, wer was geschmuggelt hatte. Wie es in solchen Fällen üblich ist, erhielten die Schiffseigner eine Geldstrafe von 10.000 $, zahlbar vor Abfahrt des Schiffes.

Schmuggel wird nicht nur im großen, sondern auch im kleinen Rahmen betrieben, und unzählige Menschen versuchen ihr Glück. Im Frühjahr 1968 kam ich mit dem Flugzeug aus Hongkong in Taiwan an. Vor mir in der Reihe am Zollschalter stand ein chinesischer Herr mittleren Alters, der offensichtlich recht wohlhabend war. Der Zollbeamte, ein eher gutmütig dreinblickender junger Mann, stellte dem Herrn die übliche Frage, ob er etwas anzugeben habe. Plötzlich erschien ein mißtrauischer Blick im Gesicht des Beamten, gefolgt von einem Ausdruck wilder Begeisterung. Er schrie den Herren an, er solle seine beiden großen Koffer öffnen. Kaum waren die Koffer aufgeschlossen, wurden sie auch schon von dem Zöllner auf den Kopf gestellt, und Dutzende von Hüftgürteln ergossen sich über den Tisch und fielen zu Boden. Der erwischte Hüftgürtelschmuggler erschien nicht im geringsten beschämt zu sein, nur

George A. Sloan

Auf den Großen Seen

Die »United States Steel«, Eigner der *George A. Sloan*, betreibt die größte Flotte von Massengutfrachtern auf den Großen Seen. Gegenwärtig sind es sechs Dampfer (oder Turbinendampfer) und vier dieselbetriebene Fahrzeuge, die überwiegend Eisenerz von den Minen nördlich der Großen Seen zu den Hochöfen in Indiana, Ohio und Pennsylvania transportieren. Zwischen 1901 und 1981 fuhren die Schiffe der »United States Steel« mehr als eine Milliarde Tonnen Erz und riesige Mengen Koks, Kohle, Kalkstein, Schrott und sogar Getreide und Salz.

Die Anfänge der Flotte gehen auf die Jahrhundertwende zurück. 1899 begann Andrew Carnegie mit dem Bau seiner eigenen Erztransporter, um die Hochöfen von Carnegie Steel zu füttern. Seine Flotte, die damals noch »Pittsburgh Steamship Company« hieß, bestand aus elf Dampfern und zwei Leichtern. Als im Jahr 1901 aus Carnegies Unternehmen und anderen großen Stahlproduzenten die Firma U. S. Steel entstand, expandierte die Pittsburgh Steamship gewaltig. In einem Jahr kaufte sie fünf Konkurrenten auf, und 1904 besaß sie schon einund-

siebzig Dampfer und dreiundvierzig Leichter mit insgesamt fünfhundertzweiunddreißigtausend Bruttoregistertonnen. Die Pittsburgh Steam wuchs weiter. Durch den Bau immer größerer Schiffe konnte sie die Anzahl der Fahrzeuge reduzieren und trotzdem die Kapazitäten erweitern. 1978 beispielsweise stellte das Unternehmen, jetzt unter dem Namen U. S. Steel Great Lakes Fleet, die dreihundertfünf Meter lange *Edwin H. Gott* in Dienst. Angetrieben von zwei Dieselmaschinen mit 19500 PS, hat die *Gott* eine Kapazität von knapp zweiundsechzigtausend Tonnen Eisenerz und kann noch bis weit in den Winter auf den vereisten Großen Seen fahren, wenn viele andere Fahrzeuge schon stillgelegt werden müssen.

Die Flotte, die 1953 eine selbständige Tochter von U.S. Steel wurde, unterhält auch noch ein paar ältere Schiffe. Außer der *Sloan*, die 1943 gebaut wurde, besitzt sie die Motorschiffe *Myron C. Taylor* und *Calcite II*, beide 1929 gebaut, sowie den Dampfer *Irvin L. Clymer*, der aus dem Jahr 1917 stammt. Zu den Schiffen gibt es auch einige ältere Seeleute,

Das hier gezeigte Kreuzkopflager sitzt unter der Kolbenstange und über der Schubstange auf einem der vier Zylinder der *Sloan*. Der Kreuzkopf einer Dampfmaschine wirkt wie ein Kniegelenk und nimmt an der Stelle, wo sich die beiden Stangen treffen, den seitlichen Schub auf.

Linke Seite: **Nach dem Entladen im Werk der Huron Cement nimmt die *Sloan* Kurs auf den Lake Huron.**

Die Kohle in den Laderäumen der *Sloan* wird mit Hilfe eines Förderbandes entladen, das längs über das Schiff verläuft und zwölf Tonnen Kohle in sechs Stunden schafft. Die Schauerleute müssen sechs Meter tief in den Laderaum absteigen und die widerspenstige Kohle auf das Förderband schaufeln. Eine falsche Bewegung, und die Männer würden in die Öffnungen unter sich stürzen.

die noch immer auf den Großen Seen fahren, und für sie waren die alten Tage im allgemeinen keine sehr guten Tage. Joe McKay ist zwar kein Angestellter von U.S. Steel, aber ein Oldtimer. Er fährt seit mehr als vierzig Jahren als Maschinist auf den Seen. Joe, ein untersetzter, freundlicher Mann aus dem nördlichen Michigan, säubert sorgfältig seine Brille, während er zurückdenkt. Er schüttelt den Kopf und sagt: »Die Jahre damals waren wirklich schlimm. Man mußte buchstäblich springen, wenn jemand einen Befehl gab. Wir mußten Tag und Nacht arbeiten — wie die Sklaven. Heute haben wir eine Gewerkschaft und arbeiten acht Stunden, sonntags ist frei. Vor Jahren gab es so etwas noch nicht. Und das Essen war auch nicht so wie heute; man bekam einfach etwas vorgesetzt. Ich kann mich erinnern, einmal fünf Tage hintereinander Leber gegessen zu haben. Etwas anderes gab es nicht. Ich kann heute noch keine Leber sehen. Aber ich blieb; alle blieben. Es gab damals nicht viel Arbeit, und man mußte einfach einen Job haben. Die Ausstattung heute — kein Vergleich mit der von damals.«

Don Ghiata, Zweiter Offizier mit über zwanzig Jahren Erfahrung auf den Großen Seen, erzählt dramatisch über die dort herrschenden Gefahren. »Auf den Seen gibt es ziemlich schlimme Stürme. Dann kommt es zu Wellen, die man als »Drei Schwestern« bezeichnet. Es sieht so aus, als ob diese Wellen mit einer Höhe von vielleicht sechs bis neun Metern in Dreiergruppen auftreten. Die kleineren Schiffe werden ziemlich durcheinandergewirbelt. Mit der ersten Welle geht es nach oben, mit der zweiten nach unten, und unter der dritten wird man dann regelrecht begraben. Das Vorschiff wird dabei oft beschädigt. Auf manchen dieser Schiffe mußten spezielle Verstrebungen angebracht werden.

Dazu kommt dann das Eis,« fährt Don fort. »Bevor die Schiffahrt im Winter eingestellt wird, kann es ziemlich schlimm werden. Das Eis bildet unter dem Einfluß des Windes richtige Wellen und reicht gelegentlich bis zum Dach des Steuerhauses. Wenn es ganz schlimm wird, wenn ein Schiff festsitzt, fährt ein Eisbrecher rückwärts an das Heck des festsitzenden Schiffes heran und zieht es mit Schleppwinden und zwei Trossen aus dem Eis heraus. In der Regel werden dafür aber Schlepper eingesetzt. Manchmal braucht man drei oder vier Schlepper; gelegentlich bekommen sie das Schiff aber nicht aus dem Eis heraus, und alle sitzen den Winter über fest.«

Manche der Schiffe, auf denen Männer wie Joe McKay vor vierzig Jahren ihre seemännische Laufbahn begannen, waren damals schon zwanzig Jahre alt. Viele dieser Schiffe fahren immer noch. Über fünfunddreißig kanadische und amerikanische Massengutfrachter, die jetzt noch auf den Großen Seen betrieben werden, wurden vor 1940 gebaut, und von diesen entstanden mehr als zwanzig vor 1925. Da die Großen Seen Süßwasserseen sind, rosten die Schiffe kaum. Bei vielen alten Schiffen befindet sich der Rumpf noch in dem gleichen Zustand wie an dem Tage, an dem sie aus der Werft kamen. Diese Schiffe sind zwar in der Regel langsamer als die neuen, doch sind die zurückgelegten Entfernungen im allgemeinen nicht so groß, daß die Geschwindigkeit der bestimmende Faktor für den Beschluß wäre, ein altes Schiff zu verschrotten. Die älteren Schiffe wurden sämtlich modernisiert und erhielten zeitgemäße Unterkünfte, Kombüsen und sanitäre Anlagen. Einige Schiffe erhielten zudem automatische Entladevorrichtungen, neue Maschinen und Bugpropeller. Daher ist es nicht unwahrscheinlich, daß zumindest einige diese Fahrzeuge noch weitere zwanzig oder dreißig Jahre lang fahren.

Unten im Maschinenraum der *Sloan* arbeitet die knapp acht Meter hohe Vierzylinder-Dreifachexpansionsdampfmaschine auf niedrigen Touren. Ein Maschinist tastet die Lager mit der Hand nach Hitzeentwicklung ab. Vorsichtig greift er zwischen die Kolbenstangen so weit, daß die rotierenden Teile sanft an seiner Hand vorbeistreichen. Wenn sich die Kurbelwelle oder die Lager wärmer als normal anfühlen, könnten entweder die Lager verschmutzt oder eine Ölleitung verstopft sein; in beiden Fällen

Die *Sloan* wird rückwärts in das Kohledock im Werk Alpena bugsiert. Sie soll 13 000 Tonnen Petroleumkoks für das Kohlekraftwerk der Firma entladen.

Durch die weißen Rohre gelangt Dampf zu der zweizylindrigen Steuermaschine, die den massigen Ruderquadranten (rechts) in Bewegung setzt, der das Ruder bewegt.

würde die Kurbelwelle Schaden nehmen. Der Öler geht von einem Punkt zum andern, besorgt wie eine Henne um ihre Küken. Er geht völlig in seiner Arbeit auf und kommt allmählich außer Sicht.

Im Leerlauf bewegen sich die riesigen Schubstangen der Maschine auf und ab wie Tänzer aus glänzendem Stahl. Es könnte sich um eine Reihe von Erdölpumpen handeln, und nach einer Weile wirkt dieses stählerne Ballett hypnotisierend. Die Wärme in einer kalten Nacht, der süße Geruch des Rapsschmieröls und die unaufhörliche Bewegung der riesigen stählernen Schubstangen haben wohl schon so manchen Mann ihrem hypnotischen Zauber unterworfen.

Aber in dem Maße, in dem die verbleibenden Dampfer auf Dieselbetrieb umgestellt werden, verschwindet dieser Zauber wie die großen Büffelherden, die einst die amerikanischen Prärien bevölkerten.

Als Stewardess bei United States Steel

Jacqueline Wirgau aus Rogers City in Michigan ist Stewardess auf der *Sloan*. Als sie 1978 begann, war sie die erste Frau, die für U. S. Steel fuhr. »Zuerst war es schwer,« sagt Jackie, »weil ich nicht wußte, was auf mich zukam. Ich erinnere mich an den ersten Sturm. Das Schiff rollte und stampfte so sehr und ich hatte eine solche Angst, daß ich begann, mein Testament zu schreiben. Jetzt macht mir das nichts mehr aus.«

Jackie, 42 Jahre alt, geschieden, Mutter von fünf Kindern, überlegte, wie es gewesen war, als sie ihre Kinder zurückließ, um auf der *Sloan* zu arbeiten. »Zuerst habe ich meine Kinder und die Familie fürchterlich vermißt. Ich hatte die ganze Zeit Heimweh. Jedesmal, wenn ich gehen mußte, begannen meine Kleinen zu weinen und baten mich zu bleiben. Heute sagen Sie: › Mama, wann gehst du wieder an Bord? ‹«

Auf die Frage, ob es schwer sei, auf einem Schiff mit einer rein männlichen Besatzung zu arbeiten, antwortet sie: »Nein, eigentlich nicht. Die meisten Männer betrachten dich einfach als einen weiteren Matrosen. Einer oder zwei gehen dir vielleicht auf die Nerven, aber daraus darfst du dir nichts machen. Du tust einfach deine Arbeit.« Die gutmütige Jackie fügt hinzu: »Aber es ist ganz hilfreich, wenn man Spaß versteht.«

Jackie versteht Spaß und nimmt ihre Arbeit sehr ernst. Das spiegelt sich auch in den Kommentaren ihrer Schiffskameraden wieder. Sie freuen sich über ihre Anwesenheit an Bord und schätzen sich glücklich, daß sie auf der *Sloan* ist. Sie ist nämlich eine gute Köchin, und für einen Seemann ist es von nicht geringer Bedeutung, einen guten Koch an Bord zu haben.

Jaqueline Wirgau war die erste Frau, die für U. S. Steel fuhr. Sie ist die Stewardess und nach Angaben ihrer Schiffskameraden »eine verflixt gute Köchin«.

KAPITEL 17

Vätterö

Meuterei und Mord — Die Geschichte des Kapitäns

Die folgende Geschichte ist so unglaublich, daß ich sie zunächst nicht glauben wollte. Wie sie sich jedoch entfaltete, so einfach und nur eine Episode im Leben von Jan-Christer Sjööh, war überzeugend. Kapitän Sjööh zögerte zunächst, über seine Erfahrungen zu sprechen, doch auf Fragen hin antwortet er emotionslos und auf eine Art und Weise, die Judy und mir sagte, daß er die Wahrheit sprach.

Das, was bei der intensiven dreistündigen Befragung herauskam, paßte überwiegend zusammen. Wenn man den Streß angesichts der Meuterei und der Morde bedenkt, war es ganz natürlich, daß er ein paar Details durcheinanderbrachte oder vergessen hatte. Kapitän Sjööh bat uns darum, die Namen von Schiff, Eigner, Besatzungsmitgliedern und besuchten Häfen zu verschleiern. Die Gründe für diese Bitte werden beim Lesen der Geschichte klar. Ich habe die Vorkommnisse größtenteils so niedergeschrieben, wie sie erzählt wurden, mußte sie allerdings im Interesse des Zusammenhangs und des Verständnisses etwas

bearbeiten, weil Jan-Christer Schwierigkeiten mit der Sprache hatte und nur bruchstückweise mit der Geschichte herausrückte. Alle wichtigen Punkte sind jedoch so wiedergegeben, wie wir sie gehört haben. Ich überlasse es dem Leser, sich seine eigene Meinung zur Glaubwürdigkeit dieser Geschichte zu bilden.

Das Leben von Jan-Christer Sjööh, Kapitän und Eigner der *Vätterö*, ist fast so faszinierend wie seine Erzählung von der Meuterei; deshalb wollen wir damit beginnen. Sjööh wurde 1951 in einer Kleinstadt in Mittelschweden geboren. Sein Vater war Kapitän eines Segelschiffes gewesen, und auch Jan-Christer wollte zur See fahren, seit er fünf Jahre alt war. Mit fünfzehn bekam er seine erste Koje auf dem 2300-Tonnen-Frachter *Marie*, der nach Italien, Griechenland und Nordafrika fuhr. Jan-Christer arbeitete als Decksjunge, der, wie er sagt, jede dreckige Arbeit auf dem Schiff erledigen mußte. Nach achtzehn Monaten verließ er die *Marie* in Genua und heuerte auf einem Schiff an, das nach Fernost fuhr.

Schließlich landete Jan-Christer im Alter von siebzehn Jahren in Djakarta, Indonesien. Er erzählt: »Ich saß dort zwei Wochen lang fest und suchte nach einer neuen Koje. Ich ging von Schiff zu Schiff.

Linke Seite: Nach Ablieferung einer Ladung Getreide schwimmt die *Vätterö* leer vor einer der vielen Inseln im Mälar-See. Der See ist über Kanäle mit der Ostsee verbunden und liegt direkt vor Stockholm, das selbst auf einer Reihe von Inseln erbaut wurde.

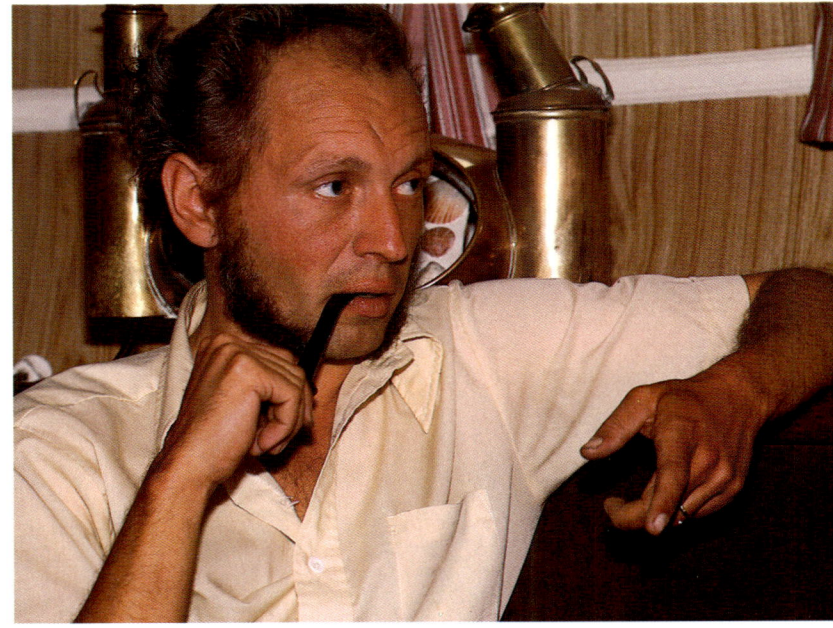

Jan-Christer Sjööh, Kapitän und Eigner der *Vätterö*, unterhält sich mit Gästen in seiner Kajüte. Der etwas rätselhaft erscheinende Kapitän hinterläßt den Eindruck, daß Menschen für ihn eine Last sind, mit der er fertig werden muß, daß er sich aber nie unter ihnen wohlfühlen wird.

Die erste Nacht in Djakarta gehe ich in die Stadt. Ich trinke ein Glas, vielleicht zwei, vielleicht drei, sehe ein paar indonesische Mädchen und schon ist mein Geld weg. Ohne Geld mußte ich auf der Straße schlafen. In den letzten zehn Tagen hatte ich fast nichts zu essen. Schließlich bekam ich einen Job als Zimmermann auf einem alten Dampfer, der *Golden River*, zweitausendsiebenhundert Tonnen, 1918 gebaut. Sie fuhr überwiegend mit Holz zwischen Indonesien, den Philippinen und Hongkong. Der Kapitän war ein alter Engländer, Käptn Jackson, der seit fünfundvierzig Jahren im fernen Osten fuhr. Er war damals zweiundachtzig, sah aber wie fünfzig aus. Ich verließ die *Golden River* und heuerte später wieder als Dritter Offizier an. Aus Büchern habe ich mir selbst Navigationskunde beigebracht. Die anderen Offiziere waren Engländer und Schweden, der Bootsmann kam aus Finnland.

Kapitän Jackson war der Teufel höchstpersönlich — militärischer Typ, sehr streng. An manchen Tagen sprach er überhaupt nicht mit uns. Er befahl nur: »Ihr tut das, das und das.« Dann verschwand er wieder in seiner Kabine und las oder hörte Musik, Beethoven, Mozart oder so etwas. Wenn die Mannschaft nicht gehorchte, setzte er sie irgendwo an Land aus.«

Jan-Christer arbeitete sich zum Zweiten und schließlich zum Ersten Offizier hoch. Nach sechs Monaten verließ er die *Golden River* in Yokohama und flog nach Schweden zurück. Es dauerte nicht lange, bis er wieder auf See war, dieses Mal auf einem neuen schwedischen Motorschiff, das in die Vereinigten Staaten, nach Südostasien und nach Japan fuhr. Ein Jahr danach war er wieder in Yokohama, wo er fünf Wochen mit Lungenentzündung im Krankenhaus verbrachte. Nachdem er sich wieder erholt hatte, fand Jan-Christer ein kleines indonesisches Schiff, das nach Surabaya auf der Insel Java unterwegs war.

Vier Jahre lang fuhr der junge Schwede auf Küstenschiffen im gesamten indonesischen Archipel. Ein Leben wie bei Joseph Conrad. Jan-Christer als Kapitän, Bootsmann und Koch war der einzige Europäer an Bord der Schiffe, in der Regel mit einer Mannschaft aus zehn oder zwölf Indonesiern. Die Verständigung mit den Besatzungsmitgliedern war bestenfalls schwierig. Mit einem Achselzucken erläutert er jedoch: »Ich spreche kein Indonesisch — nur ein paar Worte. Manchmal rede ich auf Englisch mit ihnen. Nun, ich habe ihnen nicht so viel zu sagen. Sie kommen um 7.00 h morgens herauf, trinken Kaffee und erledigen ihre Arbeit. Sie sind gute Seeleute. Sie kennen ihre Arbeit. Ja, diese Gegend war sehr interessant. Es war ein schönes Leben damals.«

Jan-Christer kehrte einmal mehr in sein Heimatland zurück. Dieses Mal blieb er lange genug, um eine junge Frau zu heiraten, die er in einem Restaurant kennengelernt hatte. Bald war er aber schon wieder unterwegs als Kapitän auf einem griechischen Schiff mit Kurs nach Fernost. In den nächsten neun Jahren führte er in Griechenland bzw. Panama registrierte Frachter, gewöhnlich nach Afrika, Südostasien und Japan. In diesem Zeitraum kam es auch zu der Meuterei. Schließlich überredete Britt-Marie, seine Frau, ihn dazu, näher bei ihr zu arbeiten, und er machte sich auf die Suche nach einem kleinen Schiff, mit dem er sich seinen Lebensunterhalt in schwedischen Gewässern würde verdienen können.

Die *Vätterö* wurde 1916 am Vätterö-See südwestlich von Stockholm für Vielle Montange Limited, einen großen Stahlproduzenten, gebaut. Sie fuhr Stahl vom Werk der Firma bei Ammeberg nach Stockholm, Göteborg und anderen Städten, die durch das umfassende System aus Seen und Kanälen verbunden sind. Auch für einen zweiten Eigner transportierte sie Stahl, bis Jan-Christer sie im Jahre 1984 erstand. In all den Jahren, so sagt er, kamen als einzige größere Änderungen eine elektrische Ruderanlage und neue Dieselmaschinen anstelle der ursprünglichen Dampfmaschine hinzu. Der Drei-Tonnen-Ladebaum wurde entfernt und die Ladeluke vergrößert. Ein Großteil der alten Innenvertäfelung aus Kiefer und der Möbel aus Hartholz ist noch vorhanden.

In den neun Jahren, in denen Jan-Christer Kapitän auf in Griechenland und Panama registrierten Schiffen war, fuhr er auch für einen Griechen, der einen alten Frachter besaß. Jan-Christer hatte auf diesem Schiff, der *Diane* (wie wir sie nennen wollen), schon Fahrten nach Nordafrika und Asien gemacht und sollte eine weitere Fahrt unternehmen. Unmittelbar vor der Abfahrt ließ der Eigner der *Diane* Jan-Christer in sein Büro kommen. Es war eine Zeit der knappen Ladungen und eines Überangebots an Schiffen. Schiffseigner, die keine Ladung fanden, versicherten ihre Schiffe ins Unermeßliche und ließen sie dann in Brand setzen oder versenken. Diese Praxis war fast allgemein üblich. Die Schiffsversicherer schäumten vor Wut, wenn sie die riesigen Summen auszahlen mußten, konnten aber nur selten den Beweis für vorsätzliches Handeln erbringen, weil das Beweisstück in der Regel ein- oder zweihundert Faden tief unter Wasser lag.

Die Besprechung begann damit, daß der Eigner darüber lamentierte, wie schwer es doch sei, mit einem alten Schiff Profite zu erwirtschaften. Selbst als Kapitän auf einem alten Frachter könne man doch kaum genug zum Leben verdienen, fügte er hinzu.* Schließlich sagte der Eigner: »Vielleicht können Sie etwas für mich arrangieren und dabei auch selbst viel Geld verdienen.«

Jan-Christer fragte, was der Eigner arrangiert haben wollte. Die Antwort lautete: »Ich möchte, daß Sie die *Diane* versenken. Ich zahle Ihnen 3 Millionen Drachmen, wenn Sie das für mich regeln.** Sie können doch leicht dafür sorgen, daß es wie ein Unfall aussieht, und bei einem alten Schiff wie diesem wird auch die Besatzung nichts merken — niemand wird etwas merken . . . Das ist doch auch viel Geld. Was meinen Sie?«

»Ja, natürlich ist das viel Geld,« entgegnete Jan-Christer. »Aber ich habe meine Aufgabe, und das

* Ein Kapitän erhält oft ein Grundgehalt plus einem Anteil an den Profiten, die sein Schiff einfährt.
** 3 Millionen Drachmen waren damals etwa 27 000 $.

gehört nicht dazu. Gut, von 3 Millionen Drachmen kann ich vielleicht fünf Jahre lang leben, aber was soll ich danach tun, wenn das Geld verbraucht ist? Und wenn ich das Schiff versenke, werden sich die Leute so ihre Gedanken machen, und niemand wird mich mehr als Kapitän anheuern wollen.« Jan-Christer hielt inne, dann schüttelte er den Kopf. »Nein, das mache ich nicht.«

Der Eigner ließ nicht locker, und Jan-Christer blieb bei seiner Weigerung. Die Besprechung endete, und eine Woche später nahm Jan-Christer mit der *Diane* Kurs auf Zypern. Bei der Ankunft in Limassol teilte der Agent des Eigners Jan-Christer mit, daß die Mannschaft von Bord gehen und nach Griechenland zurückkehren würde. Man habe eine neue Besatzung angeheuert, die am folgenden Tag erscheinen würde.

Mit bösen Ahnungen sah Jan-Christer die neuen Männer an Bord kommen. Es waren überwiegend Zyprioten, Marokkaner und Algerier, und sie sahen aus, als seien sie direkt im Gefängnis angeheuert worden. Die *Diane* beendete das Laden und nahm mit einer Teilladung Kurs auf Kalkutta. Schon sehr bald wurde deutlich, daß viele der neuen Männer nur wenig oder keinerlei Seeerfahrung hatten. Trotzdem schien die Besatzung genug zu können, um das Schiff in die Lage zu versetzen, sein Ziel zu erreichen.

Der erste Vorfall ereignete sich am vierten Tag auf See, im Roten Meer, diesem bedrückenden Gewässer, das von den Wüsten der arabischen Halbinsel, Ägyptens, des Sudan und Äthiopiens umgeben ist. Es war die übliche Hölle von Nachmittag. Luft zum Atmen gab es nicht, nur ein erstickender Nebel aus kondensiertem Wasserdampf. Eine gleißende Sonne hing über dem Schiff, als wenn irgend ein Narr sie am Masttopp festgenagelt hätte. Der Kapitän sah, wie sich einige Besatzungsmitglieder in einer Reihe über das Achterdeck näherten. Er dachte kurz an eine Fata Morgana. Der Chefmaschinist, ein dunkelhäutiger Marokkaner namens Ibn Mustafa führte die ungleiche Gruppe aus Matrosen, Heizern und zwei

Stewards auf die Brücke. Im Hintergrund war sogar Dimitri, der Zweite Offizier, zu erkennen. Jan-Christer blickte in die Gesichter, aus denen Gier und, schlimmer noch, Entschlossenheit leuchteten. Mustafa, der Sprecher, kam ohne Umschweife zur Sache. »Der Eigner will, daß wir das Schiff hier versenken«, begann er. »Wir übernehmen das Schiff, wollen aber, daß Sie uns helfen.«

»Das geht nicht. Ihr dürft nicht — ihr könnt überhaupt kein Schiff von mir übernehmen,« brachte Jan-Christer mühsam hervor, weil ihm vor Zorn die Worte fehlten.

Er wollte weiterreden, doch Mustafa unterbrach ihn: »Seien Sie nicht dumm. Das ist viel Geld. Sie werden ein reicher Mann.«

Jan-Christer wurde etwas ruhiger. »Das Geld, ja, aber ihr müßt etwas weiter denken. Wenn ihr das Geld verbraucht habt, was macht ihr dann — außerdem könnt ihr ins Gefängnis kommen. Was sagt ihr

dazu?« Er versuchte, mit ihnen zu argumentieren,
und erkannte, daß es keinen Zweck hatte. »Außerdem«, fügte er hinzu, »außerdem mache ich nicht
mit.«

Mustafa war entschlossen. »Doch, Sie müssen es
tun. Wir helfen Ihnen.« Das war halb Bitte, halb
Befehl.

»Nein, niemals.« Der normalerweise ruhige Jan-
Christer schrie jetzt fast. »*Niemals*! Ich bin der
Kapitän dieses Schiffes, und ihr tut, was ich
sage.«

Die Reaktion der Männer war unzivilisiert und pri-
mitiv. Sie fluchten und beschimpften ihn. Schon zu
diesem Zeitpunkt wollten sie ihn töten, waren sich
aber noch zu unsicher. Die Gruppe verließ das
Steuerhaus unter weiteren Drohungen und
Flüchen.

In den nächsten drei Tagen passierte nichts. Feind-
seligkeit machte sich in jedem Winkel des Schiffes
breit. Die Mannschaft traf sich in kleinen Gruppen,
meist im Maschinenraum, in der Messe oder hinten
am Heck. Jan-Christer gewöhnte es sich an, selbst
im Schlaf einen Revolver vom Kaliber .32 zu tragen.
Die *Diane* passierte Aden, umrundete die arabische
Halbinsel und ging auf Ostkurs in die arabische
See.

Am dritten Abend nach dem Streit war Jan-Christer
auf dem Weg zum Saloon, zwei Decks unter der
Brücke, um zu Abend zu essen. Mustafa, Dimitri
und der jüngste Steward, ein kräftiger Algerier,
stellten ihn in dem schmalen Durchgang unterhalb
des Niedergangs vom Bootsdeck. Wahrscheinlich
hätten sie ihn dort töten können. Vielleicht glaubten
sie aber zu diesem Zeitpunkt noch, ihn überreden zu
können. Zweifellos waren sie sich darüber im Klaren,
daß sie, wenn Jan-Christer tot war, den Behörden
gegenüber sowohl seinen Tod als auch den Untergang des Schiffes würden erklären müssen. Für sie
würde es besser sein, den Kapitän auf ihrer Seite zu
haben und ihn ›den Untergang des Schiffes erklären
zu lassen. Schließlich kamen sie jedoch wohl zu dem
Schluß, daß weiteres Reden nutzlos war. Sie stießen

Jan-Christer einfach gegen ein Schott und begannen
zu zweit auf ihn einzuschlagen. Es war dort so eng,
daß er seinen Revolver nicht ziehen und nur versuchen konnte, die Schläge etwas abzublocken.
Schließlich schaffte es Jan-Christer, den Arm des
Zweiten Offiziers zu greifen. Dimitri verlor das
Gleichgewicht und wurde herumgewirbelt, während
Jan-Christer seinen Arm auf dem Rücken festhielt.
Voller Wut und mit aller Kraft stieß Jan-Christer
den Arm nach oben, bis ein dumpfes Krachen zu
hören war. Der Schrei des Zweiten Offiziers durch-
drang das Schiff. Der Maschinist und der Steward
stürmten auf den Kapitän los, stoppten aber schnell
ab, als sie sich einem gespannten Revolver gegen-
übersahen. Jan-Christer ließ Dimitri auf das Deck
fallen und ging zur Brücke zurück.

Von diesem Zeitpunkt an ließ sich Jan-Christer sein
Essen in die Kabine oder in das Steuerhaus bringen.
Nach wie vor wußte er nicht, wieviele Besatzungsmitglieder von dem Schiffseigner bestochen worden
waren, wieviele sich gegen ihn verschworen hatten.
Er dachte kurz daran, einen Funkspruch abzusetzen,
doch an wen und mit welchem Inhalt? Angesichts
der Tatsache, daß Schiffseigner *und* Mannschaft in
die Sache verwickelt waren und er keine Zeugen
hatte, würde man alles schlicht und einfach abstreiten. Außerdem wußte er, daß es für einen Kapitän,
der den Eigner seines Schiffes anzeigt, sehr schwer
ist, eine neue Koje zu finden.

Eine Woche verstrich. Mohamed, der nigerianische
Bootsmann und ein pakistanischer Matrose namens
Rashid kamen mit ihren Sorgen zu ihm. Man hatte
sie beide angesprochen, doch mit einer Meuterei
oder dem Versenken des Schiffes wollten sie nichts
zu tun haben. Sie hatten Angst. Jan-Christer versuchte, sie zu beruhigen. Die *Diane* befand sich zu
diesem Zeitpunkt im Golf von Bengalen, nur noch
vier Tage von Kalkutta entfernt.

Teodoro, der Erste Offizier, war ein weiterer unbe-
kannter Faktor. Der im allgemeinen freundliche
junge Grieche war in den letzten Tagen sehr ruhig
und nervös gewesen. Möglicherweise machte er mit

den anderen gemeinsame Sache, doch Jan-Christer hielt sich nicht damit auf, ihn zu fragen. Wenn Teodoro zur Mannschaft hielt, würde er es nur abstreiten. Von der einunddreißigköpfigen Besatzung wußte Jan-Christer nur den Bootsmann und einen Matrosen auf seiner Seite. Damit blieben neunundzwanzig Mann, die gegen ihn waren. Er weigerte sich, über seine Chancen nachzudenken.

Das Wetter blieb weiterhin warm, und die Feuchtigkeit nahm zu. Jeden Morgen bildeten sich riesige Wolkenbände, aus denen sich am Nachmittag strömender Regen auf das Meer unter ihnen ergoß. Am zweiten Morgen im Golf von Bengalen senkte sich lautloses Schweigen über die *Diane*. Jan-Christer hatte ein Gefühl, als sei er abgesehen von den anderen Männern im Steuerhaus allein auf dem Schiff. Er verspürte Gefahr. In seiner Tasche fand er den Schlüssel zum verschlossenen Gewehrschrank im Salon. Er machte den Bootsmann ausfindig und befahl ihm, Rashid zu suchen und auf die Brücke zu bringen. Dann kehrte er zum Steuerhaus zurück, wo Teodoro zusammen mit einem mürrischen Zyprioten am Steuer Dienst tat. Als Mohamed und Rashid das Steuerhaus betraten, entließ Jan-Christer den Zyprioten. Die vier Männer auf der Brücke beobachteten schweigend den Horizont vor sich. Von Zeit zu Zeit machten Jan-Christer oder der Bootsmann eine Runde über das Brückendeck, weil vom Steuerhaus aus die Sicht nach achtern versperrt war. Von einem dieser Gänge kam Mohamed sofort im Laufschritt zurück. »Käptn, schauen Sie mal. Männer auf Nr. 3.«

Jan-Christer und Teodoro folgten dem Bootsmann zur hinteren Reling des Brückendecks. Hinter dem Rand von Laderaum Nr. 3 tauchte eine Reihe von Köpfen auf. Weitere Männer näherten sich gebückt im Laufschritt vom Deckshaus auf dem Achterdeck. Zwei von ihnen trugen Gewehre.

Jan-Christer wandte sich mit harten Augen zu seinem Ersten Offizier. »Gehören Sie zu uns oder zu denen da?«

Teodoro antwortete ohne Zögern und mit Überzeu-

gung. »Zu Ihnen natürlich, Käptn.«

Jan-Christer gab Mohamed den Schlüssel zum Gewehrschrank und befahl ihm, das Gewehr, die Pistole und die Munition zu holen. Teodoro lief zum Steuerhaus und kehrte einen Augenblick später mit einer willkommenen Überraschung zurück, einem Revolver, den er dort versteckt hatte. Jetzt waren die vier Männer zumindest alle bewaffnet.

Der Kapitän sah Mustafa mit einem Gewehr über den Lukenrand zielen. Jan-Christer ließ sich fallen, und eine Kugel knallte hinter ihm in den Schornstein. Jetzt begann ein richtiger Krieg. Die ganze Mannschaft mußte bewaffnet sein. Querschläger zischten durch die Luft; die Mannschaft schoß aber überwiegend sehr ungenau. Kapitän und Erster Offizier lagen flach auf dem Deck. Mohamed erwiderte das Feuer mit einer Winchester 30.06 und einer Pistole. Jan-Christer gab Rashid die Pistole und befahl ihm, den Niedergang zu bewachen, der die Kapitänskajüte mit dem Steuerhaus verband. Mohamed behielt das Gewehr.

Teodoro erwies sich als guter Schütze. Mit seinem zweiten Schuß traf er einen Heizer so in die Brust, daß der Mann rückwärts auf eine Windenplattform fiel. Jan-Christer schoß mit dem Revolver und versuchte, Mustafa zu treffen. Er sah, wie eine Kugel von dem Lukenrand vor dem Maschinisten abprallte, der sich wegen der Männer um ihn herum nicht zur Seite bewegen konnte. Die Männer auf der Brücke hatten den Vorteil, daß sie von oben auf die Meuterer schießen konnten.

Das Gefecht ging weiter. Plötzlich ließ Jan-Christer seine Pistole fallen und griff sich an den Kopf. Es brannte wie Feuer. Die Hände waren blutverschmiert, als er sie sich ansah. Große Blutstropfen fielen auf das Deck. Jan-Christer hielt sich ein Taschentuch an die Schläfe und feuerte weiter. Mit blutverschmierten Händen lud er aus seiner Munitionsschachtel nach. Mohameds 30.06 krachte ohrenbetäubend neben ihm. Einer aus der Mannschaft schrie auf, als er in die Hand getroffen wurde. Eine Minute später erschoß Teodoro, der langsam, aber stetig feuerte,

den zweiten Heizer.

Jan-Christer zielte auf den Lukenrand, hinter dem er Mustafa zuletzt gesehen hatte. Der Kopf des Maschinisten kam wieder hoch und blieb oben, während Mustafa auf die Brücke zielte. Jan-Christer visierte sorgfältig an, hielt den Atem an und zog den Abzug durch. Mustafa versuchte, sich zu erheben, bevor seine Beine unter ihm nachgaben. Selbst von der Brücke aus war das Loch zwischen den aufgerissenen Augen des Maschinisten zu sehen. Das Feuer der Meuterer ließ nach.

Jan-Christer wischte sich das Blut von der Schläfe und rief den Männern hinter der Luke zu: »Ruhig jetzt. Drei sind genug. Nicht mehr schießen. Laßt die Waffen fallen.«

Die Männer, jetzt ohne Anführer, zögerten. Schließlich hörte das Schießen auf. Die verbliebenen Meuterer hoben die Hände. Ein paar Waffen flogen über Bord; der Rest wurde in Gürteln oder in den Hemden verstaut. Es herrschte ein langes Schweigen, während die Mannschaft hinter der Luke und die drei Männer auf der Brücke einander anstarrten.

Die Leichen des Chefmaschinisten und der beiden Heizer gingen über Bord. Drei weitere Besatzungsmitglieder waren verwundet worden, jedoch nicht ernsthaft. Jan-Christer holte Verbandszeug und eine Flasche Whisky für die, die es nötig hatten.

Als das Schiff zwei Tage später in Kalkutta anlegte, packte Jan-Christer seinen Koffer und verließ die *Diane*. Er blickte nicht zurück.

Die *Mataora* liegt im briefmarkengroßen Hafen von Avarua. Hinter ihr das dichte Grün, das Rarotonga im Innern überzieht.

KAPITEL 18

Mataora

Stürmische Fahrt im Paradies

Die Warnung hätte offensichtlich sein sollen. Während Don Silk, Miteigner der *Mataora*, sich von Judy und mir auf seinem Schiff verabschiedete, hatte er auf seine beiläufige Weise gesagt: »Heute Nacht wird es wahrscheinlich ein bißchen rauh, aber morgen, wenn die Besatzung langsam nüchtern wird, ist dann alles wieder in Ordnung.« Dann hatte der drahtige, kahl werdende Exneuseeländer noch mit einem komischen Lächeln hinzugefügt: »Übrigens, heute abend kocht ein Passagier.«

Leider hatte Don Silk keinen Scherz gemacht. Der reguläre Koch der *Mataora* hatte entschieden, daß es für ihn Besseres zu tun gebe, als die Fahrt mitzumachen. Er war verschwunden. Dieses Nichtereignis geht jedoch in der Konfusion vor Abfahrt des Schiffes unter. Mit Blumengirlanden geschmückte Cook-Insulaner bevölkern den Kai. Sie kehren zu Weihnachten nach Aitutaki und Manahiki, ihre Heimatinseln, zurück. Jeder Mitfahrer wird von vier oder fünf Leuten begleitet, die ihm zum Abschied zuwinken wollen. Dazu hat jeder einen Berg von Koffern, verschnürten Kisten, Transistorradios und verschiedenen anderen Besitztümern bei sich. Kinder rennen frei umher, blasen Luftballons auf und jagen einander um die Ladung herum. Hunde suchen schnüffelnd nach ihren Besitzern. Längsseits wird ein in schwarze Kunststoffolie eingeschlagener Sarg mit einem Gabelstapler an Bord gehoben und ehrerbietig von acht stämmigen Insulanern in den Laderaum abgelassen. Aus zwei Tankwagen auf dem Kai wird noch Bunkeröl an Bord gepumpt, so daß sich die Abfahrt der *Mataora* verzögern wird. Noch herrscht eine fröhliche Atmosphäre am Kai, doch nehmen viele der polynesischen Passagiere offensichtlich schon all ihren Mut zusammen, weil sie wissen, daß es eine schwere Fahrt werden wird. Viele neigen zu Seekrankheit, und je näher die Zeit der Abfahrt kommt, desto offensichtlicher wird ihr Unbehagen.

Die Cook-Inseln umfassen dreizehn größere und eine Reihe von kleineren Pünktchen mitten im riesigen Pazifik. Wenn man die über 1,9 Millionen qkm verteilten, 2000 Meilen nordöstlich von Wellington, Neuseeland, gelegenen Cook-Inseln an einem Punkt zusammenfassen würde, käme dabei eine Insel von nur 14 x 16 km heraus. Avarua auf Rarotonga ist das Paris der Inselgruppe. Es ist ein Nest mit Palmen und einer fröhlichen, leichten Lebensart. Mehr als

Diese Persenning auf dem Vordeck dient als Zelt, in dem die Deckspassagiere auf den bis zu zwei Wochen langen Fahrten wohnen.

Die *Mataora* hißt ihre Segel nur selten. Sie werden nur bei Ausfall der Maschine eingesetzt. Da die *Mataora* oft in abgelegene Gegenden im Pazifik fährt, wo bei Ausfall der Maschine keine Hilfe von anderen Schiffen zu erwarten wäre, ist ein Hilfsantrieb sehr wichtig. In der Ferne erheben sich die bekannten Gipfel von Rarotonga.

die Hälfte der 18 500 Bewohner der Cook-Inseln leben auf dem Küstenstreifen, der die berühmten turmartigen Gipfel Rarotongas umgibt, dessen Größe man sehr genau daran ermessen kann, daß man die Insel, die größte der Gruppe, bequem in einer Stunde auf dem Motorroller umfahren kann. Auf dem Weg um Rarotonga herum passiert man üppige Gemüsegärten, ordentliche Rasenflächen und gepflegte Bungalows. zwischen denen immer wieder hellrote Flammenbäume auftauchen. Ein neuseeländisches Gefühl für Sauberkeit und Ordnung verbindet sich hier mit der Lebensfreude der Polynesier. Das Ergebnis läßt sich sehen.

1959 liefen zwei sorglose junge Neuseeländer, der eine mit Frau und zweijähriger Tochter, Rarotonga gemeinsam auf ihrer selbstgebauten Ketsch an. Don Silk, der auf einer Farm aufgewachsen und zu der Entscheidung gekommen war, nie wieder eine Kuh sehen zu wollen, hatte als Lastwagenfahrer und dann als Matrose auf Frachtern zwischen England und Australien sowie auf Salzschonern an der Küste Südwestaustraliens gearbeitet. Bob Boyd war Schildermaler und Freizeitkapitän gewesen. Mit Ollie und Patsy, Dons Frau und kleiner Tochter, waren sie auf dem Weg nach Vancouver in Kanada, als sie die schicksalsträchtige Entscheidung trafen, auf Rarotonga einen Halt einzulegen.

Kaum hatten sie angelegt, als sie auch schon einen heruntergekommenen »Handelsschoner« erblickten, der mit klaffenden Löchern im Rumpf vor sich hin rottete. Am nächsten Tag waren sie stolze Eigner der *Siren*, eines vierzehn Meter langen Wracks, das sich als Ketsch ausgab. Bob und Don verbrachten die nächsten beiden Jahre mit der Instandsetzung der *Siren*, aber, in Bobs Worten: »Einen Großteil dieser Zeit verbrachten wir damit, unter Bäumen zu sitzen und daran zu denken, wofür wir all das Geld ausgeben würden, das wir mit ihr verdienen würden.«

Gab es eine bessere Möglichkeit, den Südpazifik kennenzulernen, als auf einem Handelsschoner? Don und Bob beschlossen, auf Trampfahrt zu gehen.

Sie befaßten sich mit dem örtlichen Schiffsverkehr und sahen beispielsweise, daß im letzten Monat kein Schiff nach, sagen wir einmal, Mangaia gefahren war. Also annoncierten sie in der Lokalzeitung, und, siehe da, schon hatten sie eine Ladung. Schon bald aber faszinierte sie der Perlmuschelhandel. Mit Unterstützung einer lokalen Handelsgesellschaft eröffneten sie ein Geschäft auf der kleinen Insel Manihiki, 750 Meilen nördlich, wo die Lagune gerade wieder für das Perltauchen freigegeben worden war.* Das Timing der beiden war perfekt, sie

* Bei den Perlmuscheln, aus denen Perlmutt gewonnen wird, handelt es sich in diesem Fall um tellergroße Muscheln, die im Südpazifik beheimatet sind. Die Muscheln können zwar Perlen enthalten, sind aber nicht mit der Auster verwandt.

hatten sofort Erfolg. Das Geschäft blühte weiter, bis es zwei Jahre später im wahrsten Sinne des Wortes unterging. Die *Siren* lief auf das Riff vor Rarotonga und sank. Zu dieser Zeit ließen Don und Bob gerade in Hongkong ein fünfundzwanzig Meter langes Stahlschiff bauen, und plötzlich besaßen sie nichts mehr, mit dem sie es hätten bezahlen können. Sie verkauften Anteile an ihrer neuen Firma und gingen nach Neuseeland zurück, um sich als Anstreicher und Lexikonverkäufer über Wasser zu halten, während das Schiff gebaut wurde. Als die *Tagua* fertiggestellt war, kehrten Don und Bob nach Rarotonga zurück und widmeten sich wieder ihrer Schiffahrtsgesellschaft.

Ein paar Jahre danach starb einer ihrer Konkurren-

ten, und ein weiterer verkaufte an einen ihrer größeren Anteilseigner. Don und Bob kauften die *Akatere* aus dem Vermögen des Verstorbenen und erhielten die sechsunddreißig Meter lange *Bodmer* von ihrem Anteilseigner. Innerhalb eines Jahres wurden sie so von der kleinsten zur größten Schiffahrtsgesellschaft des Landes. Im Verlauf der Zeit verloren sie Schiffe an die Riffe oder ersetzten ältere durch neuere Schiffe. Gegen die Garantie, mit zwei Schiffen alle Inseln zu versorgen, erhielten Silk und Boyd Subventionen vom Staat. Das versetzte sie in die Lage, in der gesamten, weitverstreuten Inselgruppe zu operieren, obwohl die kleinen Ladungen nur selten die langen Entfernungen rechtfertigten. So ist die Lage auch heute noch. Viele der kleinen Inseln haben nur 100 oder 200 Bewohner und sind von der Versorgung her völlig auf die Schiffe von Silk und Boyd angewiesen. Die beiden Männer sind zur Nabelschnur des Landes geworden und sind sich ihrer großen Verantwortung bewußt.

Am Spätnachmittag verläßt die *Mataora* den winzigen Hafen Rarotongas. Die Wellen brechen auf beiden Seiten des Schiffes, als es durch die enge Einfahrt gleitet und Kurs auf das offene Meer nimmt. Der erste Anlaufhafen der *Mataora* liegt auf der Insel Aitutaki, 150 Meilen im Norden. Von dort aus braucht sie drei Tage bis nach Manihiki, einer der nördlichsten Inseln in der 800 Meilen langen Kette. Von dort aus geht es weiter zum Zielhafen auf Samoa.

Fliegende Fische fegen wie Kugeln über das Wasser. Sie legen erstaunliche Entfernungen zurück, 90 bis 120 Meter am Stück, bevor sie von einem Wellenkamm abprallen und in eine andere Richtung davonflitzen. Die Sonne versteckt sich immer wieder zwischen den Wolken und läßt das Meer erst dunkelgrau, dann wieder glänzend blaugrün erscheinen. Die Gipfel von Rarotonga verschwinden langsam in den massigen Kumulonimbus-Wolken, die über der Insel hängen.

Über dem verschlossenen Lukendeckel ist ein großes Zelt aufgerichtet worden. Es dient als Unterkunft für

Pläne der *Mataora*.

die 53 Deckspassagiere, die größtenteils bis nach Manihiki an Bord bleiben werden. Es wird langsam rauh. Eine Welle kracht von querab auf die Steuerbordseite, während das Schiff in einem Wellental rollt. Insulaner reihen sich an der Reling auf und beginnen, die Fische zu füttern. Kein Wunder, daß die Überfahrt für sie etwas Schreckliches ist. Die meisten müssen das vier Tage lang erdulden, bevor sie zu Hause sind. Das Wetter ist hier so, daß auf der gesamten Fahrt Wellen von querab zu erwarten sind.

Als die Nacht anbricht, brist es auf, und die Seen werden größer. Wellen brechen über die Reling und schäumen über das ganze Hauptdeck, bevor sie sich in den Speigatten verlaufen. Überall grüngesichtige Passagiere. Einer hat es irgendwie geschafft, oben auf dem Steuerhaus einzuschlafen. Zwei seekranke Mädchen haben sich in all ihrem Elend auf einer Matratze unter dem Rettungsboot zusammengerollt. Ein alter hölzerner Picknicktisch und Bänke, die als Decksstühle dienen, sind von Menschen besetzt, die sich wünschten, wieder auf Rarotonga zu sein. Vor einem Proviantraum am hinteren Ende des Bootsdecks erbrechen sich zwei Jungen abwechselnd über die Reling. Ein alter Mann, der beklommen neben ihnen sitzt, versucht, nicht hinzuschauen. Selbst meine Kollegin Photographin, eine gestandene Seglerin, hat eine blaßgelbe Farbe bekommen und sucht sich schließlich einen Platz an der Reling. Bis jetzt habe ich Glück gehabt. Ich gehe zur Kombüse hinunter, um zu sehen, was es zu Abend gibt. Dosenfleisch und Taro-Knollen. Nein danke. Eine Zeitlang beobachte ich, wie die Wellen auf das Schiff einschlagen, dann gehe ich zu Bett.

In der kleinen Kajüte ist es stickig. Die für die Nordsee gebaute *Mataora* hat 6 Kajüten, die alle neben dem Maschinenraum liegen, so daß es absolut nichts hilft, wenn die Tür offen bleibt. Meine Koje hat keine Schutzleiste und liegt in Längsrichtung des Schiffes. Jedesmal, wenn das Schiff rollt, falle ich deshalb fast zwei Meter tief auf das Deck. Um das zu vermeiden, lege ich ein Bein und einen Arm unter

die Matratze. Jetzt kann ich nicht mehr herausfallen, werde dafür aber im eigenen Schweiß gedünstet. Fünfzig Zentimeter über meiner Koje befindet sich ein geschlossenes Bullauge. Soll ich es wagen? Ja, es muß sein. Es ist der Rettungsring für einen Ertrinkenden, das sexy Mädchen für einen Lebenslänglichen, das Filet mignon für einen Verhungernden; die frische, kühle Luft ist besser als alles, was ich jemals verspürt habe. Ich genieße sie zwei oder drei Minuten, bevor ich einschlafe.

Das Ganze ist natürlich zu gut, um wahr zu sein. Das Schiff knallt in ein Wellental, und fünfzig Liter kalter Pazifischer Ozean ergießen sich durch das offene Bullauge. Ich schließe es, doch zwanzig Minuten später ist es so heiß, daß ich es wieder öffnen

muß. Den Rest der Nacht schlafe ich mit dem Fuß in der Öffnung. Immer, wenn mein Unterbewußtsein spürt, daß das Schiff in ein Wellental stößt, befiehlt es meinem Fuß, das Bullauge zu schließen. Jetzt sind beide Arme und ein Bein unter der Matratze festgeklemmt, und das andere Bein öffnet und schließt das Bullauge im Rhythmus. So unwahrscheinlich es klingen mag, ich kann auf diese Art schlafen und werde nur noch einmal durchweicht.

Am nächsten Morgen kommt die See immer noch von querab, hat aber nachgelassen. Einige müde Passagiere der *Mataora* reihen sich an Deck auf und warten darauf, daß eine der beiden funktionierenden Toiletten frei wird. Eine junge dunkelhaarige Mutter steht sehr geduldig mit ihrem kleinen Sohn da, der

Die einsamen weißen Strände und das blaue Wasser von Motu Raku bei Aitutaki auf den Cook-Inseln.

Aus dem üppigen Dschungel erheben sich die Vulkangipfel von Rarotonga.

sich wie ein kleiner Koalabär an sie klammert. Viele der Cook-Insulaner schlafen noch in ihrem Zelt auf dem Vordeck. Ich werfe einen Blick hinein und sehe nur Körper, die sich in Matten eingerollt haben. Der Geruch des Erbrochenen überwältigt mich.

In der Kombüse ist ein kurzer, gedrungener Insulaner mit langem fettigem Haar und einer schlimmen Akne als Koch dienstverpflichtet worden. Er erklärt mir, mein Frühstück stehe auf dem Tisch. Das stimmt, doch ich kann kaum glauben, was ich da sehe. Bei jedem Rollen des Schiffes galoppieren zwei Spiegeleier über den Teller. Sie segeln in ihrem eigenen Mini-Ozean aus Fett. Neben ihnen liegt ein Häufchen Spaghetti mit Tomatensoße, und oben auf den Spaghetti, wie ein Eroberer, eine große fettige

Wurst. Ich brauche nur einen Augenblick, um zu dem Entschluß zu kommen, daß mir Kaffee zum Frühstück reicht.

Die *Mataora* und ihr Schwesterschiff, die *Manuvai* (1960 gebaut, 400 Bruttoregistertonnen), waren nie dazu bestimmt, 70 Passagiere plus Ladung über lange Entfernungen zu transportieren. Als Silk und Boyd die *Mataora* kauften, ließen sie vor der Brücke ein Deckshaus als Unterkunft für die Mannschaft bauen und den Aufbau nach achtern erweitern, um die Messe und die Kombüse zu vergrößern. Die Unterkünfte für die Passagiere sind nach wie vor unzureichend. Um die Sache noch schlimmer zu machen, liegen die nächsten Wartungseinrichtungen in einer Entfernung von fast 1000 Meilen in Papeete

oder Pago Pago bzw. 1500 Meilen entfernt in Suva auf den Fidschi-Inseln. Die *Mataora* und die *Manuvai* durch neuere Schiffe mit besseren Unterkünften und mehr Laderaum zu ersetzen, ist nahezu unmöglich. Solche Schiffe gibt es einfach nicht. Die einzige Lösung besteht daher darin, neue Schiffe bauen zu lassen, doch Don Silk rechnet damit, daß diese pro Stück 2 bis 3 Millionen Dollar kosten würden. Angesichts des kleinen Frachtaufkommens auf den Inseln und der Tatsache, daß die einheimische Bevölkerung sich nur niedrige Fahrpreise leisten kann, können Silk und Boyd nicht an den Bau neuer Fahrzeuge denken. Leider befindet sich die Regierung der Cook-Inseln in einer noch schlimmeren Lage als die Schiffahrtsgesellschaft, und deshalb wird der Status quo

sich in der nächsten Zeit auch wohl nicht ändern. 65 Passagiere seufzen gemeinsam vor Erleichterung, als der Anker der *Mataora* in das klare blaue Wasser vor dem Riff von Aitutaki rauscht. Das Wetter ist besser geworden, so daß der Rest der Reise wahrscheinlich erfreulicher sein wird. Zu dumm, daß Judy und ich keine Möglichkeit haben, das festzustellen.

Die *Kömür* liegt im Hafen von Izmir vor Anker. Das Deckshaus ist offensichtlich vor kurzem neu gebaut worden. Der Rumpf befindet sich jedoch noch im Originalzustand.

KAPITEL 19

Kömür

An der Kette

Der alte Mann döst in seinem Stuhl vor sich hin, der kahle Kopf fällt ihm immer wieder nach vorn. In dem mit Glas abgeteilten Büro ist es warm und ruhig. Die Oktobersonne scheint durch Fenster, auf denen ganze Staubgalaxien langsam dahinziehen. Der Kopf des Alten fällt wieder nach vorn, schießt dann aber nach oben, als habe jemand mit einer Nadel zugestochen. Die alten Augen blicken grimmig, gleichzeitig aber auch leer und bekümmert. Draußen im anderen Büro wird Englisch gesprochen, und das versteht der alte Mann nicht. Er fühlt sich angesichts der Fremden ausgestoßen und hilflos. Aber dieser durchdringende Blick sagt dem Besucher ganz eindeutig: Paß auf — du hast einen Löwen vor dir!

Es geht das Gerücht, daß der alte Mann Huseyin Eminoglu Schmuggler gewesen ist. Er stammt aus dem Dorf Rize am Schwarzen Meer, etwa 60 Meilen von der russischen Grenze entfernt. Eminoglu war Fischer, aber wenn die Gerüchte stimmen, hat er mit seinem kleinen hölzernen Boot in den dreißiger Jahren auch Nahrungsmittel, Bekleidung, vielleicht ein paar Gewehre — was gerade so den besten Preis brachte — in die Sowjetunion geschmuggelt. Die Fahrten bei Nacht und das Anlegen in einer von hunderten kleiner Buchten hinter der Grenze waren ziemlich gefährlich. Wenn er erwischt worden wäre, hätte man wahrscheinlich nie wieder etwas von ihm gehört. Aber damals ging es fast allen ziemlich dreckig. Wenn er geschmuggelt hat, wäre das durchaus verständlich. Mit ein paar guten Fahrten konnte er Frau und Kinder monatelang ernähren.

Auf entsprechende Fragen bleibt der alte Löwe stumm; er erzählt nur, daß er Fischer gewesen sei. Auf jeden Fall muß es Huseyin gut gegangen sein. 1953 konnte er zusammen mit zwei Partnern sein erstes Stahlschiff kaufen, den Dampfer *Kömür*. Der kleine Frachter war damals dreißig Jahre alt. Der Name bedeutet »Kohle«, und das ist genau das, was überwiegend mit dem Schiff transportiert wurde.

Nicht lange, nachdem die Partner die *Kömür* erworben hatten, gab ihre holländische Dampfmaschine den Geist auf. Das war ein ziemliches Problem. Die Partner hatten fast ihr gesamtes Geld in das Fahrzeug investiert. An den Kauf einer neuen Maschine war nicht zu denken, denn es lasteten noch Schulden auf der *Kömür*, Schulden, die mit einem Schiff, das nicht fuhr, nicht abzuzahlen waren.

Da hörten sie glücklicherweise von Balakis. Wie in vielen anderen abgelegenen türkischen Kleinstädten verwendete man in diesem Dorf einen kleinen Gene-

Weil Ladeeinrichtungen fehlen, muß die *Kömür* oft längere Zeit darauf warten, be- oder entladen zu werden. Deshalb hat die Mannschaft für einen stetigen Nachschub an Eiern gesorgt. Diesen seefahrenden Hühnern geht es an Bord anscheinend ganz gut.

In der Morgensonne glitzern eine Million kleine
Pünktchen auf dem Wasser. Im Hintergrund ein Teil der
zerklüfteten türkischen Mittelmeerküste.

rator, um etwas Strom zu erzeugen. Dieser Generator wurde von einem Siebenzylinderdiesel der Firma Buckeye Machinery Company aus Lima in Ohio angetrieben. Der Dorfrat hatte beschlossen, den Buckeye durch eine neue Maschine zu ersetzen, und der alte Diesel stand zum Verkauf — billig. Bald war er eingebaut, und die *Kömür* fuhr wieder.

Außer der Tatsache, daß sie 1923 in Helsingborg in Schweden gebaut wurde, ist aus der Geschichte der *Kömür* nur wenig bekannt. Nach dem Lloyds-Register ist ihr Erbauer die Vulcan-Varf, aber von dort stammt wahrscheinlich nur die ursprüngliche Dampfmaschine. Das Schiff fuhr bis zum zweiten Weltkrieg in Nordeuropa und wurde dann an eine türkische Firma verkauft. Seit damals fährt die

Kömür im östlichen Mittelmeer bzw. als Küstenfrachter in den türkischen Gewässern.

1966 erlitten die Eigner der *Kömür* gleich einen doppelten Schicksalsschlag. Sie war von Italien nach Istanbul unterwegs. Laut Huseyin war sie beladen worden und abgefahren, bevor der Frachtbrief an Bord war. Frachtbriefe sind die Unterlagen, aus denen Art und Menge einer bestimmten Ladung sowie Versender und Empfänger hervorgehen. Das Original des Frachtbriefs verleiht einen Rechtsanspruch auf die Handelsgüter. Der Kapitän des Schiffes oder ein Agent legt den Frachtbrief dem Zoll am Bestimmungshafen vor, und das Original wird dem Empfänger der Ladung ausgehändigt, wenn die Versandgebühren bezahlt sind.

Der türkische Käufer der Ladung hatte Huseyin versprochen, ihm den Frachtbrief zukommen zu lassen, bevor das Schiff in Istanbul ankam. Unterwegs brach jedoch die Kurbelwelle der *Kömür,* so daß sie zur Reparatur in den türkischen Hafen Trabzon geschleppt werden mußte. Während sie dort lag, schaffte es der Käufer irgendwie, einen Teil der Ladung in das Land zu schmuggeln. Der türkische Zoll stellte fest, daß Ladung fehlte und verlangte von Huseyin den Frachtbrief. Natürlich konnte er keine Dokumente vorlegen, die er nicht hatte. Als der Käufer feststellen mußte, daß man ihm auf die Schliche gekommen war, floh er außer Landes. Da sich nun weder der Versender noch der Empfänger der geschmuggelten Ladung in der Türkei befand,

hielten sich die Behörden an den einzigen, der mit dem Schmuggelgut zu tun hatte und für sie greifbar war.

Sie beschlagnahmten die *Kömür*. Huseyin mußte drei Jahre vor Gericht kämpfen und 10 000 $ Kaution hinterlegen, um sein Schiff frei zu bekommen. In den drei Jahren, in denen die *Kömür* in Trabzon festlag, waren jedoch Liegeplatzgebühren von mehr als einer Million türkischer Lira aufgelaufen. Huseyin konnte nicht zahlen; er hatte über drei Jahre lang nichts mit seinem einzigen Schiff verdient. Die Lage erschien hoffnungslos. Die Behörden wollten die *Kömür* nicht freigeben, bevor Huseyin bezahlt hatte, und Huseyin konnte nicht zahlen, wenn er kein Schiff hatte, mit dem er das Geld verdienen konnte. Vielleicht hat der arme Huseyin in dieser Zeit seine Glatze bekommen. Schließlich gaben die Behörden nach und gestatteten ihm, seine Schulden in Raten abzuzahlen.

Irgendwie schaffte es die Firma Eminoglu zu überleben. Der alte Huseyin konnte sich nur schwer an die schnell wechselnden Geschäftsmethoden gewöhnen. Mit Hilfe eines Dolmetschers erzählt er: »Als ich mit der *Kömür* begann, waren die Geschäftsleute noch sehr ehrlich — man konnte nur aufgrund mündlicher Abmachungen laden und entladen. Jetzt stehen alle unter großem finanziellem Druck, und das Wort eines Mannes ist nichts mehr wert.« Unter heftigem Kopfschütteln fügt er hinzu: »Ich würde heute nicht mehr als Schiffseigner anfangen.«

Als Hilfe hat Huseyin Fikret, einen seiner Söhne, aufgenommen, der vorher ein kleines Kino in Istanbul hatte. Dazu kam noch Attila, sein junger Enkel, der gerade die Universität abgeschlossen hatte. Dummerweise besaßen weder Fikret noch Attila Erfahrungen im Seefrachtgeschäft.

Die Jahre nach Trabzon waren profitabel. 1977 kamen die Eminoglus zu dem Beschluß, daß das Geschäft gut genug liefe, um ein neues Schiff bauen zu lassen. Es begann der Bau der *Uesilrizey*, eines Motorschiffes mit 3 000 Tonnen Tragfähigkeit. Die

türkische Werft brauchte zwei Jahre, wofür man in Japan sechs Monate benötigt hätte. Die Eminoglus konnten das Schiff aber nicht in Japan bauen lassen, weil es staatliche Gelder nur für Schiffsbauten in der Türkei gab. Doch die zusätzlichen achtzehn Monate, in denen ihr Geld festlag, erwiesen sich als teuer. In der Türkei ist jede Art von Finanzierung teuer. Der Staat bietet für Schiffsbauten Darlehen zu 12 % an, finanziert aber maximal 25 % der Baukosten. Der Rest muß aus der privaten Wirtschaft kommen. Handelsbanken nehmen 27 % Zinsen, und wenn der Darlehensnehmer mit seinen Zahlungen in Rückstand gerät, schießt der Zinssatz auf 52 % im Jahr hoch. Weil Verzögerungen in der Türkei eher die Regel als die Ausnahme sind, können die meisten Schiffseigner ihre Zahlungsverpflichtungen nicht einhalten. Das führt dazu, daß fast alle 52 % Zinsen zahlen und heute nicht besonders viele Schiffe in der Türkei gebaut werden.

Attila, mittlerweile ein gutaussehender Vierundzwanzigjähriger mit glattem schwarzem Haar, ist intelligent und weiß um die Schwierigkeiten, denen seine Familie gegenübersteht. »Das Hauptproblem für mich und für alle türkischen Schiffseigner«, sagt er, »besteht darin, daß wir nicht genügend Ahnung von der Schiffahrt haben. Das ist kein Geschäft für Türken, glaube ich. Wir betreiben unsere Schiffe nicht mit Computern. Wir fahren sie selbst, auf die althergebrachte Weise. So macht man das heute nicht mehr. Auch die großen Firmen machen es noch wie früher. Niemand benutzt Computer. Es kostet so viel Zeit und verursacht so viele Probleme, eine Computeranlage auf die Beine zu stellen und zu lernen, damit umzugehen. Selbst wenn wir wüßten, wie man so etwas einsetzt, könnten wir uns eine solche Anlage wahrscheinlich gar nicht leisten.«

Attila meint, der Schlüssel zum Erfolg liege darin, die Kosten niedrig und den Betrieb einfach zu halten. Ihm gefällt die alte *Kömür* besser als die neuen Schiffe, die viel komplizierter und schwerer instandzuhalten sind. Die *Kömür* ist die Einfachheit selbst. Sie hat kaum kompliziertes Funk- oder Navigations-

Mit dem Agenten in Izmir ist es zum Streit gekommen. Er ist der Meinung, daß die Eigner der *Kömür* ihm von früher noch Geld schulden und hält deshalb die geplante Ladung zurück. Huseyin streitet ab, daß der Agent noch Forderungen hat, doch bis die Angelegenheit erledigt ist, liegt die *Kömür* ohne Ladung vor dem Hafen.

Pläne der *Kömür*.

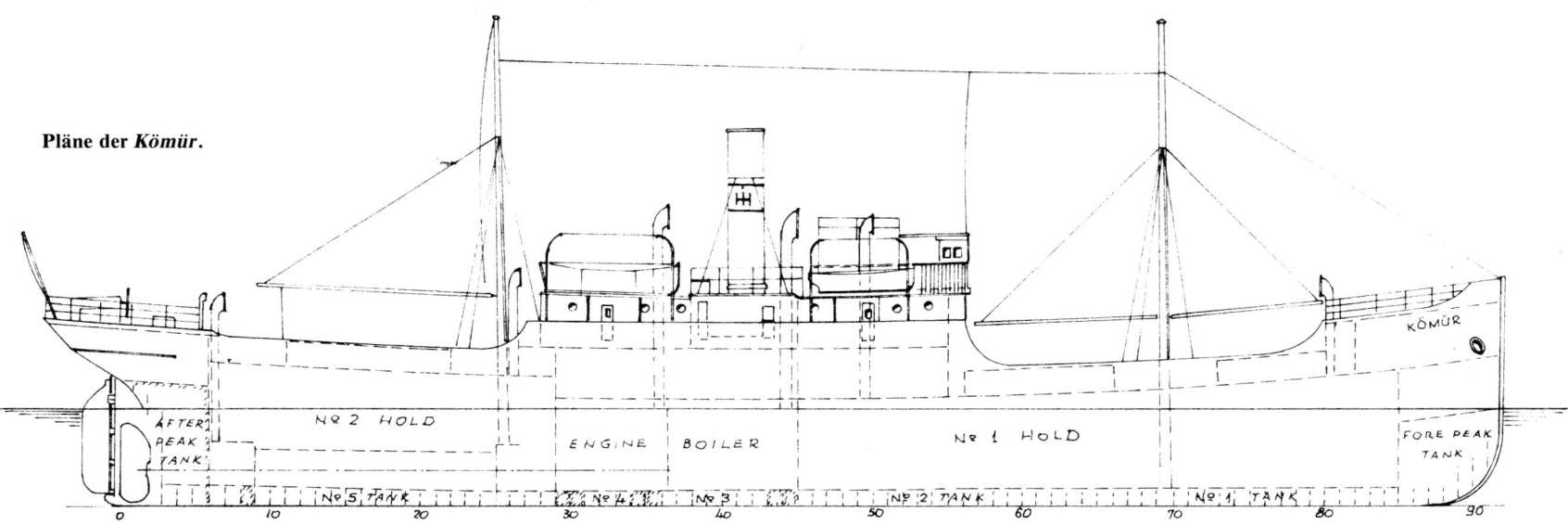

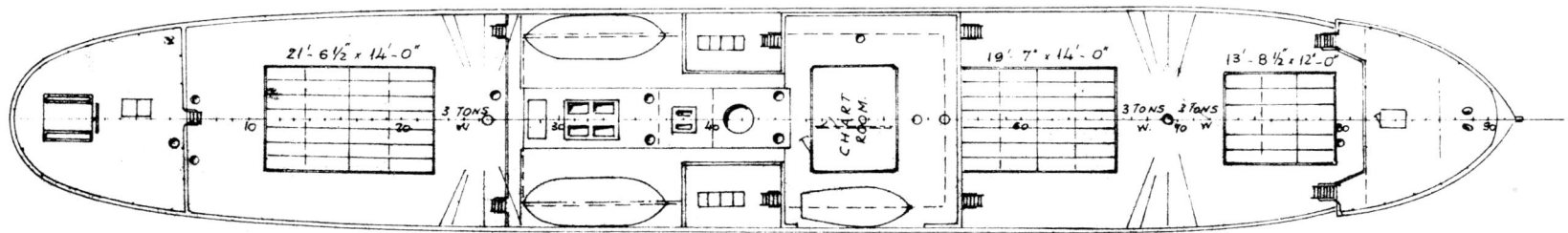

gerät. Anker- und Festmachespill werden mit jugoslawischen Einzylinderdieseln betrieben, die anscheinend aus dem ersten Weltkrieg stammen, und für die beiden Winden gibt es neuere britische Listerdiesel, ebenfalls Einzylinder. Wenn sie funktioniert, reicht die Maschinerie an Bord aus.

Als 1966 die Kurbelwelle des Buckeye-Diesels brach, fuhr Huseyin wieder in das Dorf, in dem er die erste Maschine gekauft hatte, und fand ein Gegenstück dieser Maschine, das immer noch Strom erzeugte. Diese zweite Maschine treibt die *Kömür* immer noch an. Leider gibt es mittlerweile Probleme, und in Balakis sind neuerdings auch keine Buckeyes mehr zu bekommen. Ersatzteile für den veralteten Buckeye und auch für all die anderen Anlagen auf den alten Schiffen in der Türkei zu finden, ist ein ziemliches Problem.

Die *Kömür* transportiert in der Regel Kohle als Schüttgut von Schwarzmeerhäfen nach Istanbul und Izmir. Außerdem fährt sie mit Holz und Zement (in Säcken) an der türkischen Küste, gelegentlich aber auch nach Syrien oder in den Libanon. Die längsten Fahrten führen gelegentlich nach Italien oder Westgriechenland; auf der Rückfahrt sind dann Marmorblöcke von 3 Kubikmetern an Bord.

Die elfköpfige Besatzung der *Kömür* ist sehr treu. Offensichtlich hat Huseyin sie immer gut behandelt. Kapitän Ali Sahin ist seit zehn Jahren an Bord. Yasar Cirak, der joviale Chefmaschinist, ein Zauberer mit seiner alten Maschinerie, fährt sogar schon seit über zwanzig Jahren auf der *Kömür*. Die Männer führen ein einfaches Leben. Mit europäischen Maßstäben gemessen ist ihre Heuer sehr niedrig; sie sind aber nur selten lange von zu Hause weg, weil die *Kömür* nur im östlichen Mittelmeer oder im Schwarzen Meer fährt.

Das Essen an Bord ist einfach, aber gut. Im Vergleich zu vielen Leuten in der Türkei essen die Männer gut. Außer Reis, Brot und dem allgegenwärtigen Paprika gibt es Fisch und manchmal etwas Lamm oder Rind. Sie halten sich Hühner an Bord, die frische Eier liefern und gelegentlich ein Abendessen abgeben. Unter der Besatzung herrscht Kameradschaft. Man fährt schon sehr lange zusammen und fühlt sich wie eine Familie.

Der Rumpf der *Kömür* ist noch im Originalzustand des Jahres 1923; ansonsten hat sich aber viel verändert. Ursprünglich gab es vorn zwei kleine Laderäume mit einem Mast dazwischen, an dem sich Ladebäume befanden. Daraus ist ein einziger großer Laderaum geworden, der sich besser für Massengut eignet, und der Mast wurde nach vorn versetzt, unmittelbar hinter das Vorpiek. Deckshaus und Brücke wurden modernisiert, und der hohe Schornstein wurde verkürzt, als die *Kömür* auf Diesel umgestellt wurde. Leider wurde ein Großteil der Holzarbeiten unter Deck durch Kunststoff ersetzt.

Die größte Schwierigkeit für die Eminoglus und andere türkische Schiffseigner besteht gegenwärtig darin, daß zu viele Schiffe um das begrenzte Frachtaufkommen konkurrieren. Es herrscht ein Anbietermarkt, und die Frachtraten sind so niedrig, daß viele Schiffe keinen Gewinn einfahren. Die Einnahmen reichen gerade aus, um Zahlungen auf die Darlehen von Staat und Banken zu leisten. Für viele Firmen ist die Lage verzweifelt.

Für Huseyin und seine Familie mag das zwar nur wenig Trost sein, doch sind sie in einer besseren Lage als viele größere Schiffahrtsgesellschaften, die mehr Geld aufgenommen haben und dementsprechend größere Schulden zurückzahlen müssen. Die *Kömür* ist alt, aber weil sie bezahlt ist, kann die Familie es sich leisten, 10 % weniger Fracht zu verlangen als ihre Konkurrenten mit neueren Schiffen. Solange die Firma Eminoglu die *Kömür* am Leben erhalten kann, besteht eine gute Chance, daß auch die Firma nicht untergeht.

KAPITEL 20

Auf und davon

Dichter grüner Dschungel bildet eine Schlucht, durch die sich die *Norse Transporter* flußaufwärts kämpft. Schößlinge, Schilfpalmen, Bambus und Lianen kämpfen um einen Platz an der Sonne und verschlingen sich zu Wänden, die nicht einmal das Auge durchdringen kann. Du stehst selbst am Steuer, weil du als einziger den gewundenen, angeschwollenen Fluß kennst, auf dessen sich dauernd verändernden Sandbänken sich dein Frachter in Sekunden festfahren kann. Und wenn du dein Schiff mitten im Dschungel Sumatras auf Grund setzt, gibt es niemanden, der dir helfen kann. Du bist auf dem Weg ins Herz Sumatras, um auf einer abgeschiedenen Plantage Gummi zu laden. Als Kapitän und Eigner der *Transporter* führst du dein Schiff in eine Gegend, die nur wenige je gesehen haben und sehen werden. Dein Herz hüpft vor Erregung.

Voraus liegt eine scharfe Biegung, die von Kopalbäumen umstanden ist. Kopalbäume werden wegen ihres giftigen Saftes nur selten gefällt, so daß sie sich hoch über den nachgewachsenen Regenwald erheben. Auf die unwahrscheinliche Möglichkeit hin, daß ein

Linke Seite: **Die *Paddy* fährt in einen Fjord bei Stavanger ein, um ihre Ladung aus einer vorgefertigten Ferienhütte abzuliefern.**

Schiff dir entgegenkommt, läßt du die Dampfpfeife ertönen. Ein lautes Dröhnen vibriert über dem Dschungel, und aus den Baumgipfeln erheben sich Tausende aufgeschreckter Silberreiher in die Luft und malen den Himmel mit ihren Schwingen weiß an.

Stunde um Stunde kämpft sich die *Transporter* flußaufwärts. Die dichten grünen Wände gleiten vorbei. Plötzlich wird der Regenwald von einer Lichtung unterbrochen. Zwölf oder fünfzehn Pfahlhütten tauchen auf, flankiert von ein paar Hektar mit Gummibäumen. Die gesamte, in Sarongs gehüllte Dorfbevölkerung beobachtet mit offenem Mund, wie dein Riesenschiff vorbeizieht. Nur die Kinder reagieren. Kleine Jungen flitzen zu ihren zerbrechlichen kleinen Kanus. So schnell sie können, paddeln sie in die Flußmitte, wo sie sich im Kielwasser der *Transporter* wiegen und dir nachrufen, während du an der nächsten Biegung außer Sicht gerätst. Gelegentlich schwingen sich Affen hoch über dir durch die höchsten Äste der Bäume. Der Dschungel verschluckt sie innerhalb von Sekunden, und es bleiben nur noch leere Äste, wo gerade noch schwarze und braune Körper gewesen sind.

Die riesigen Kolben hinterlassen ein dröhnendes Muster in dir. Wachen, schlafen, essen, lesen. In

»Valium« pocht mit der beruhigenden Regelmäßigkeit eines kleinen Metronoms. Sein Eigner hat ihn selbst repariert, als er die *Paddy* kaufte.

Mit dem Kran eines Lastwagens wird Baumaterial in den Laderaum abgelassen. Das ginge zwar auch mit dem Ladegeschirr des Schiffes, wäre aber beträchtlich langsamer.

jedem Augenblick stampfen sich diese Kolben in dein Leben. Du kannst dem Rhythmus nicht entfliehen. Er bildet den Hintergrund für gesellige und für einsame Stunden. Er ist die Bühne, auf der aus dem Funkempfänger das statische Rauschen und die jaulenden Funksprüche auf Malaiisch, Englisch und Kantonesisch von fernen und unbekannten Sendern ertönen. Er steckt hinter den Befehlen, die du deinen skandinavischen Offizieren erteilst. Er bildet den Kontrast zu den unverständlichen Gesprächen der chinesischen Besatzung. Er ist überall. Jahre, nachdem du das Schiff verlassen hast, hörst du immer noch diese Kolben und ihren stampfenden Rhythmus, den du auch für den Rest deines Lebens nicht vergessen wirst.

Vor unseren Augen entfalten sich immer wieder dramatisch die Geschichten von Joseph Conrad, und in unserer Vorstellung regt sich immer wieder der Traum, in das Unbekannte davonzufahren, in irgendeinem entfernten Paradies ein altes Trampschiff zu betreiben. So etwas wird immer schwieriger, ist aber noch möglich. Viele haben es versucht und sind gescheitert. Zu oft vernebelt der Traum die Realität. Ein Trampschiff zu kaufen oder auch nur zu chartern ist ein gefährliches, risikoreiches Unternehmen. Der Neuling bindet sich oft an ein Schiff, bevor er

die Garantie hat, auch Ladung zu bekommen. Oft werden die wirtschaftlichen Gegebenheiten oder die möglichen Fallgruben nicht berücksichtigt. Viele Schiffe werden gekauft, ohne daß Rumpf und Maschine vollständig begutachtet wurden. Auf lokale Bestimmungen und Vorschriften über die Registrierung und das Führen von Schiffen stolpert man erst, wenn es zu spät ist. Der Anfänger, der glaubt, alles bedacht zu haben, endet vielleicht damit, daß er sein Schiff auf ein Riff setzt. Erfahrung läßt sich nicht ersetzen und kann teuer werden. In vielen Teilen der Erde gibt es schon jetzt zu viele Schiffe für die verfügbaren Ladungen, und in vielen Gegenden decken die Frachtraten nicht die Kosten des Transports. Trotzdem gibt es Menschen, die ihren Traum erfolgreich umgesetzt haben. Johannes Tveita ist so ein Mann.

Nach vierzehn Jahren als Pilot von Jagdflugzeugen und Hubschraubern der norwegischen Luftwaffe fliegt Tveita jetzt mit dem Hubschrauber Mannschaften und Nachschub auf Ölbohrinseln in der Nordsee. Die Arbeit ist nicht einfach: Oft muß er bei schlechtem Wetter fliegen und im Sturm auf kleinen Plattformen landen. Als Ausgleich dafür hat er jedoch nach zwei Wochen Arbeit zwei Wochen frei, und das gestattet es ihm, im Zweitberuf einen kleinen Frachter zu betreiben.

Tveita kaufte die *Paddy* 1958 für 15 000 $. Sie war 1904 in Risor in Norwegen gebaut worden und hatte zunächst als Fischerboot und dann als Tender gedient, mit dem Fisch von der Fangflotte an Land gebracht wurde. Heute transportiert Tveita mit der *Paddy* vorgefertigte Hütten vom Heimathafen Stavanger in alle Fjorde Südnorwegens. Das kleine 18-m-Schiff hat gerade die richtige Größe für die Bauteile für eine einzige Hütte. Der einzylindrige Wickmann-Diesel mit 50 PS, der wegen seiner beruhigenden Wirkung auf den Eigner »Valium« getauft

Das Steuerhaus der *Paddy* ist zwar klein, aber ebenso funktionell wie hübsch. Weil es sich direkt über der Maschine befindet, eignet es sich gut für das kalte Wetter in Norwegen.

Links: **Johs Tveita, Eigner und Kapitän der *Paddy*, steht an der Winde und entlädt Baumaterial in Sjølvik, einem Dorf am Fjord.**

Rechts: **Johs Tveita ist Hubschrauberpilot und transportiert Mannschaften und Nachschub zu den Bohrinseln in der Nordsee. Er hat die *Paddy* gekauft, um mit der Schönheit seiner Heimat und den Menschen dort in Kontakt zu bleiben und um das Abenteuer eines eigenen Frachtschiffes zu erleben.**

wurde, entstand 1947 nach Plänen, die auf das Jahr 1910 zurückgehen. Er verbraucht bei 8 Knoten nur 17 Liter Treibstoff in der Stunde. Die *Paddy* hat einen Rumpf aus Tanne, ein Deck aus Erle und ein Achterschiff aus norwegischer Eiche. Tveita hat sie äußerlich wieder in den Originalzustand versetzt, wenn man von dem Binnenbordruder, dem größeren Kiel und dem 1,5-t-Ladebaum mit hydraulischer Winde absieht.

Johs Tveitas Vater besaß alte Küstenschiffe, die Kies in Südnorwegen transportierten. Johs war natürlich als Matrose an Bord, bis er sich für das aufregendere Leben und höhere Einkommen eines Piloten entschied. Aber er konnte den Wunsch, auf dem Wasser zu arbeiten, nicht verdrängen. Die *Paddy* hat zwar beim Hüttentransport keine Konkurrenten, doch das Geschäft bringt nicht viel ein. Aber sie fährt wenigstens die Unkosten ein, und ihrem Eigner bringt sein Zweitberuf die Befriedigung, sein kleines Trampschiff in einem der schönsten Länder der Erde zu betreiben und mit jeder Kabine, die er ausliefert, ein neues Abenteuer zu erleben. Johs Tveita hat immer davon geträumt, auf einem Trampfschiff zu fahren, und jetzt erfüllt er sich diesen Traum.

Die vom Autor 1968 gecharterte *Norse Transporter* lädt Baumstämme im Siak River auf Sumatra. Die 102 Meter lange *Transporter* (5 325 t Tragfähigkeit) war damals das größte Schiff, das jemals den Siak River hinaufgefahren war. Es war ungeheuer schwierig, das beladene Schiff auf dem schmalen Dschungelfluß zu wenden, und der Autor fragte sich, ob er jemals dort wieder herauskommen würde. Aus der 1939 in Glasgow gebauten *Transporter* sind schon längst Kühlschränke und Bierdosen geworden.

Schiffssteckbriefe

Kapitel 1

Name/Nationalität: Lambros L/Griechenland
Bauort/-jahr: Saint Nazaire, Frankreich/1940—49
Werft: Saint Nazaire-Penhoêt
Rumpf: Stahl
Länge/Breite/Tiefgang: 164,9 m/19,5 m/8,81 m
NRT/BRT/Tragfähigkeit: 5084/8696/10034 t
Maschine(n)/Zylinder/PS: 2 Diesel/je 8/je 6000
Hersteller/Baujahr der Maschine: Sulzer 8SD72/1949

Höchst-/Normalgeschwindigkeit: 17 kn/16 kn
Treibstoffverbrauch: 37 t in 24 Std.
Anzahl und Tragfähigkeit der Ladebäume: 12 x 3 t, 4 x 5 t,
4 x 10 t
Besatzung: 38
Eigner: Callipus Shipping Limited, Monrovia

Kapitel 2

Name/Nationalität: Aksel I/Türkei
Bauort/-jahr: Liverpool/England 1913
Werft: R. Williamson & Son
Rumpf: Stahl
Länge/Breite/Tiefgang: 55,16 m/8,23 m/4,0 m
NRT/BRT/Tragfähigkeit: 295/496/900 t
Maschine(n)/Zylinder/PS: 1 Diesel/6/550
Hersteller/Baujahr der Maschine: Ansaldo, Genua,
Italien/1962

Höchst-/Normalgeschwindigkeit: 9 kn/7,5 kn
Treibstoffverbrauch: 90 kg/h
Anzahl und Tragfähigkeit der Ladebäume: 2 x 2,5 t
Besatzung: 10
Eigner: Gazanfer und Yilmaz Akar, Istanbul

Kapitel 3

Name/Nationalität: S. T. Crapo/USA
Bauort/-jahr: River Rouge, Michigan/1927
Werft: Great Lakes Engineering Works
Rumpf: Stahl
Länge/Breite/Tiefgang: 122,5 m/18,28 m/6,7 m
NRT/BRT/Tragfähigkeit: 2942/4769/8800 t
Maschine(n)/Zylinder/PS: 1 Kolbendampf-
maschine/3/1800
Hersteller/Baujahr der Maschine: wie Schiff

Höchst-/Normalgeschwindigkeit: 12/11 Meilen/h
Treibstoffverbrauch: 1,5 t Kohle/h
Anzahl und Tragfähigkeit der Ladebäume: keine
Besatzung: 34
Eigner: Huron Cement Division der National Gypsum
Corporation, Alpena, Michigan

Kapitel 4

Name/Nationalität: Bergseth/Norwegen
Bauort/-jahr: Norwegen/1915
Werft: nicht bekannt
Rumpf: Stahl
Länge/Breite/Tiefgang: 42,36 m/6,55 m/3,35 m
NRT/BRT/Tragfähigkeit: 99/199/300 t
Maschine(n)/Zylinder/PS: 1 Diesel/3/300
Hersteller/Baujahr der Maschine: Wichmann 3ACA/1959

Höchst-/Normalgeschwindigkeit: 11/10 kn
Treibstoffverbrauch: 55 Liter/h
Anzahl und Tragfähigkeit der Ladebäume: 1 x 4 t
Besatzung: 3
Eigner: Ove Bernes, 5255 Fotlandsvag, Norwegen

Name/Nationalität: Opsanger/Norwegen
Bauort/-jahr: Schweden/1917
Werft: A. B. Karlshamns Skepsvarv
Rumpf: Holz (Doppelbeplankung, schwedische Ulme)
Länge/Breite/Tiefgang: 31,67 m/6,7 m/3,38 m
NRT/BRT/Tragfähigkeit: 108/198/355 t
Maschine(n)/Zylinder/PS: 1 Diesel/12/365
Hersteller/Baujahr der Maschine: General Motors/1968

Höchst-/Normalgeschwindigkeit: 9/7,5 kn
Treibstoffverbrauch: 61 Liter/h
Anzahl und Tragfähigkeit der Ladebäume: 1 x 3 t
Besatzung: 3
Eigner: Nils und Mons Vik, Stamnes, Norwegen

Kapitel 5

Name/Nationalität: Savilco/Griechenland
Bauort/-jahr: Lübeck/1938
Werft: Lübecker Maschinenbau-Gesellschaft
Rumpf: Stahl
Länge/Breite/Tiefgang: 79,7 m/12,1 m/4,58 m
NRT/BRT/Tragfähigkeit: 755/1420/1620 t
Maschine(n)/Zylinder/PS: 1 Diesel/5/1450
Hersteller/Baujahr der Maschine: M. A. N./1940

Höchst-/Normalgeschwindigkeit: 13 kn
Treibstoffverbrauch: 4,8 t in 24 Std.
Anzahl und Tragfähigkeit der Ladebäume: 6 x 3 t, 2 x 5 t,
2 x 10 t
Besatzung: 26
Eigner: Pythagoras Compania Naviera S. A., Piraeus

Kapitel 6

Name/Nationalität: Belama/Fidschi-Inseln
Bauort/-jahr: Hongkong/1958
Werft: Whampoa Dockyard
Rumpf: Stahl
Länge/Breite/Tiefgang: 38,6 m/8,1 m/2,9 m
NRT/BRT/Tragfähigkeit: 202/285/? t
Maschine(n)/Zylinder/PS: 2 Diesel/je 8/je 144
Hersteller/Baujahr der Maschine: Gardner 8L3/Gardner
Engines, Manchester, England/1958

Höchst-/Normalgeschwindigkeit: 8 kn
Treibstoffverbrauch: 45 Liter/h
Anzahl und Tragfähigkeit der Ladebäume: 2 x 5 t
Besatzung: 22
Eigner: Wong Shipping Co. Ltd., Suva

Kapitel 7

Name/Nationalität: Peter P/England
Bauort/-jahr: Sunderland, England/1915
Werft: Sunderland Shipbuilding Company
Rumpf: Stahl
Länge/Breite/Tiefgang: 33,52 m/7 m/2,74 m
NRT/BRT/Tragfähigkeit: 63/185/? t
Maschine(n)/Zylinder/PS: 1 Diesel/6/210
Hersteller/Baujahr der Maschine: Kelvin Diesel, Glasgow,
Schottland/1978

Höchst-/Normalgeschwindigkeit: 7,5 kn
Treibstoffverbrauch: 14 Liter/h
Anzahl und Tragfähigkeit der Ladebäume: —
Besatzung: 3
Eigner: J. J. Prior Transport Limited, London

Kapitel 8

Name/Nationalität: He Ping 23/Volksrepublik China
Bauort/-jahr: Gdansk, Polen/1955
Werft: Gdansk Shipvard
Rumpf: Stahl
Länge/Breite/Tiefgang: 108,25 m/14,64 m/7,22 m
NRT/BRT/Tragfähigkeit: 1 888/3 815/4 928 t
Maschine(n)/Zylinder/PS: 1 Kolbendampf-
maschine/3/2 300
Hersteller/Baujahr der Maschine: wie Schiff

Höchst-/Normalgeschwindigkeit: 12/10 kn
Treibstoffverbrauch: 18 t in 24 Std.
Anzahl und Tragfähigkeit der Ladebäume: 8 x 2,5 t
Besatzung: 42
Eigner: Coastal Transportation Bureau, Shanghai

Kapitel 9

Name/Nationalität: Buga/Jugoslawien
Bauort/-jahr: Newcastle-on-Tyne, England/1926
Werft: W. G. Armstrong & Whithworth & Co., Ltd.
Rumpf: Stahl
Länge/Breite/Tiefgang: 130,10 m/20,73 m/10,18 m
NRT/BRT/Tragfähigkeit: 4 454/7 315/10 446 t
Maschine(n)/Zylinder/PS: 2 Diesel/je 4/je 1 750
Hersteller/Baujahr der Maschine: M. A. N.

Höchst-/Normalgeschwindigkeit: 10/9 kn
Treibstoffverbrauch: 7 t in 24 Std.
Anzahl und Tragfähigkeit der Ladebäume: 6 x 5 t
Besatzung: 28—30
Eigner: Losinjska Plovidba, Mali Losinj, Jugoslawien

Kapitel 10

Name/Nationalität: Henry Bonneaud/Vanuatu
Bauort/-jahr: Lobith, Holland/1951
Werft: DeHoop N. V.
Rumpf: Stahl
Länge/Breite/Tiefgang: 45,7 m/7,6 m/2,9 m
NRT/BRT/Tragfähigkeit: 225/397/430 t
Maschine(n)/Zylinder/PS: 1 Diesel/6/390
Hersteller/Baujahr der Maschine: Krupp Mak Maschinen-
bau, Kiel/1951

Höchst-/Normalgeschwindigkeit: 8/7 kn
Treibstoffverbrauch: 55—68 Liter/h
Anzahl und Tragfähigkeit der Ladebäume: 1 x 4 t, 3 x 3 t
Besatzung: 20
Eigner: Puichee Lo, Jackson Lo, Manwah Leong, Santo
Vanuatu

Kapitel 11

Name/Nationalität: Nebil/Türkei
Bauort/-jahr: Schweden/1914
Werft: A. B. Lodose Varf
Rumpf: Stahl
Länge/Breite/Tiefgang: 43,48 m/8,53 m/3,65 m
NRT/BRT/Tragfähigkeit: 285/499/675 t
Maschine(n)/Zylinder/PS: 1 Diesel/8/480
Hersteller/Baujahr der Maschine: Crossley, HR8, Manche-
ster, England/1943

Höchst-/Normalgeschwindigkeit: 10/9 kn
Treibstoffverbrauch: 73 kg/h
Anzahl und Tragfähigkeit der Ladebäume: 4 x 6 t
Besatzung: 9
Eigner: Huseyin Avni Kalkavanlar, Istanbul

Kapitel 12

Name/Nationalität: Kolpino/UdSSR
Bauort/-jahr: Rostock/1957
Werft: nicht bekannt
Rumpf: Stahl
Länge/Breite/Tiefgang: 102 m/14 m/5,9 m
NRT/BRT/Tragfähigkeit: 1 376/2 997/3 700 t
Maschine(n)/Zylinder/PS: 1 Kolbendampfmaschine/4/?
Hersteller/Baujahr der Maschine: wie Schiff

Höchst-/Normalgeschwindigkeit: 12 kn
Treibstoffverbrauch: 20 t/h, Bunker C
Anzahl und Tragfähigkeit der Ladebäume: 8 x 3 t
Besatzung: 30
Eigner: Baltic Shipping Company, Leningrad

Kapitel 13

Name/Nationalität: Lady Jillian/Australien
Bauort/-jahr: Port Adelaide, Australien/1948
Werft: nicht bekannt
Rumpf: Seiten Stahl, Unterschiff Holz, Dscharrah-
Beplankung
Länge/Breite/Tiefgang: 38,1 m/7,6 m/2,7 m
NRT/BRT/Tragfähigkeit: 98/243/? t
Maschine(n)/Zylinder/PS: 1 Diesel/6/425
Hersteller/Baujahr der Maschine: Caterpillar Tractor
Company, Peoria, Illinois/1975

Höchst-/Normalgeschwindigkeit: 10/9 kn
Treibstoffverbrauch: 82 Liter/h
Anzahl und Tragfähigkeit der Ladebäume: 1 x 5 t
Besatzung: 7
Eigner: Flinders-Strait Shipping Company, Launceston,
Tasmanien

Kapitel 14

Name/Nationalität: Pioneer/Dänemark
Bauort/-jahr: Danzig/1899
Werft: nicht bekannt
Rumpf: Stahl
Länge/Breite/Tiefgang: 29 m/6,1 m/2,67 m
NRT/BRT/Tragfähigkeit: 69/115/183 t
Maschine(n)/Zylinder/PS: 1 Diesel/3/240
Hersteller/Baujahr der Maschine: Volund-Diesel,
Kopenhagen/1943

Höchst-/Normalgeschwindigkeit: 11/8 Meilen/h
Treibstoffverbrauch: 27 Liter/h
Anzahl und Tragfähigkeit der Ladebäume: —
Besatzung: 1 oder 2
Eigner: Otto Gregerson, Bandholm, Dänemark

Kapitel 15

Name/Nationalität: Adriatico/Italien
Bauort/-jahr: Olanda, Holland/1906
Werft: nicht bekannt
Rumpf: Stahl
Länge/Breite/Tiefgang: 33 m/6,8 m/2,6 m
NRT/BRT/Tragfähigkeit: 140/200/? t
Maschine(n)/Zylinder/PS: 1 Diesel/4/120
Hersteller/Baujahr der Maschine: Ansaldo, Genua,
Italien/1946

Höchst-/Normalgeschwindigkeit: 9/8 kn
Treibstoffverbrauch: 22 Liter/h
Anzahl und Tragfähigkeit der Ladebäume: 1 x 3 t
Besatzung: 4
Eigner: Gaetano Anzalone, Pozzuli, Italien

Kapitel 16

Name/Nationalität: George A. Sloan /USA
Bauort/-jahr: Rouge River, Michigan/1943
Werft: Great Lakes Engineering Works
Rumpf: Stahl
Länge/Breite/Tiefgang: 189 m/18,28 m/7,62 m
NRT/BRT/Tragfähigkeit: 6793/9057/15538 t
Maschine(n)/Zylinder/PS: 1 Kolbendampfmaschine /
4/2800
Hersteller/Baujahr der Maschine: wie Schiff

Höchst-/Normalgeschwindigkeit: 12/11 kn
Treibstoffverbrauch: 1700 Liter/h, Bunker C
Anzahl und Tragfähigkeit der Ladebäume: —
Besatzung: 30
Eigner: United States Steel, Great Lakes Fleet

Kapitel 17

Name/Nationalität: Vätterö/Schweden
Bauort/-jahr: Motala, Schweden/1916
Werft: nicht bekannt
Rumpf: Stahl
Länge/Breite/Tiefgang: 32 m/6,9 m/3,1 m
NRT/BRT/Tragfähigkeit: 112/230/300 t
Maschine(n)/Zylinder/PS: 2 Diesel/je 4/je 153
Hersteller/Baujahr der Maschine: D-11 Scania Saab,
Sodertalje, Schweden/1967

Höchst-/Normalgeschwindigkeit: 12/7—8 kn
Treibstoffverbrauch: 30 Liter/h
Anzahl und Tragfähigkeit der Ladebäume: —
Besatzung: 3
Eigner: Jan-Christer Sjööh, Torsas, Schweden

Kapitel 18

Name/Nationalität: Mataora/Cook-Inseln
Bauort/-jahr: Hellevoltsluis, Holland/1957
Werft: Niestern Schps. Unie N. V.
Rumpf: Stahl
Länge/Breite/Tiefgang: 44,8 m/7,62 m/2,8 m
NRT/BRT/Tragfähigkeit: 139/300/360 t
Maschine(n)/Zylinder/PS: 1 Diesel/6/395
Hersteller/Baujahr der Maschine: Brons Ed / Appinge-
dammer Brons, Holland/1957

Höchst-/Normalgeschwindigkeit: 9,5 kn
Treibstoffverbrauch: 1,4 t in 24 Std.
Anzahl und Tragfähigkeit der Ladebäume: 2 x 2 t
Besatzung: 10
Eigner: Silk & Boyd Ltd., Rarotonga, Cook-Inseln

Kapitel 19

Name/Nationalität: Kömür/Türkei
Bauort/-jahr: Helsingborg, Schweden/1923
Werft: Vulcan-Varf
Rumpf: Stahl
Länge/Breite/Tiefgang: 58 m/9,25 m/4,45 m
NRT/BRT/Tragfähigkeit: 272/498/1100 t
Maschine(n)/Zylinder/PS: 1 Diesel/8/787
Hersteller/Baujahr der Maschine: Buckeye Machinery
Company, Lima, Ohio/

Höchst-/Normalgeschwindigkeit: 8,5/7 kn
Treibstoffverbrauch: 3,2 t in 24 Std.
Anzahl und Tragfähigkeit der Ladebäume: 1 x 20 t, 2 x 10 t
Besatzung: 11
Eigner: Fikret Eminoglu, Istambul

Glossar

Achtern
Zum Heck des Schiffes

Aufbauten
Schiffsteile über Deck einschließlich Kajüten und Brücke

Back
Raum im Bug mancher Schiffe

Backbord
Links oder linke Seite

Ballast
Gewicht in der Nähe des Kiels zur Stabilisierung des Schiffes; in der Regel wird zu diesem Zweck Seewasser in Tanks gepumpt.

Bootsdeck
Deck, auf dem sich die Rettungsboote befinden

Brücke
Schiffsteil, von dem aus das Schiff gesteuert wird; umfaßt üblicherweise Steuerrad, Radar, Loran und andere Geräte

Brückennock
Ein (meistens) offener Bereich auf beiden Seiten der Brücke, von dem aus speziell das Anlegen besonders gut überwacht werden kann

Bruttotonnage
Innenraum eines Schiffes (in Kubikfuß) geteilt durch einhundert

Bug
Vorderer Teil des Schiffes

Bunker
Treibstoff bzw. der Raum, in dem dieser gelagert wird

Davit
Kran für ein kleines Boot, oft ein Rettungsboot

Deckshaus
Kabine an Deck, meistens im Heck

Dwarssee
Eine See (Wellen), die von der Seite auf das Schiff trifft und es rollen läßt.

Echolot
Instrument zur Messung der Wassertiefe unter dem Schiff

Fallreep
Eine Art Strickleiter, über die man an bzw. von Bord gehen kann

Heck
Das hintere Ende des Schiffes

Kiel
Unterster Mittellängsverband des Rumpfes aus Holz oder Stahlplatten

Klüsenrohr
Öffnung im Rumpf, durch die Anker und Kette gefiert werden; außerdem Bezeichnung für Öffnungen für die Festmacheleinen

Kombüse
Schiffsküche

Ladebaum
Hebezeug für die Ladung mit einer Talje am Ende eines Baumes

Laderaum
Raum, in dem die Ladung Platz findet

Loran
Navigationssystem, bei dem die Position des Schiffes mit Hilfe von Funksignalen eines an Land befindlichen Senders bestimmt wird

Luke
Öffnung im Deck, auf Frachtern meist die Öffnung zum Laderaum

Lukendeckel
Die Abdeckung auf der Luke; auf älteren Schiffen werden Balken über die offene Luke gelegt, darauf kommen Bretter und über das Ganze eine Persenning

Nettotonnage
Bruttotonnage minus Raum, der nicht für Ladung genutzt wird

Niedergang
Treppe oder Leiter auf Schiffen

Paketboote
Kleine Schiffe, mit denen zu Beginn des Jahrhunderts an der Küste und auf Flüssen Fracht und Passagiere transportiert wurden

Richtfeuer
Feste Leuchtfeuer an Land, die, in Deckung gebracht, den richtigen Kurs zur Einfahrt in ein Fahrwasser zeigen

RoRo-Schiff
Abkürzung für einen Roll-on-Roll-off-Frachter, bei dem die Ladung an Bord gefahren wird

Salon
Eßzimmer an Bord

Schott
Innenwand des Schiffes

Stauholz
Holz, mit dem die Ladung auf einem Frachter verstrebt und an Ort und Stelle gehalten wird

Steuerbord
Rechts oder rechte Seite

Steuerhaus
Umschlossener Raum, der die Brücke und in der Regel den Karten- und den Funkraum umfaßt

Tiefgang
Eintauchtiefe des Schiffes

Tragfähigkeit
Das Gewicht von Ladung, Treibstoff, Wasser und Vorräten, bei dem das Schiff bis zur Ladelinie eintaucht

Trampschiff
Frachter, der nicht auf festgelegten Routen fährt, sondern immer dann und dort, wo der Eigner eine Ladung findet

Zwischendecks
Decks in einem Laderaum zur Unterbringung weniger großer Frachtstücke